DIE RÜCKKEHR DER ECHTEN RECHTEN

In Gedenken an Dominique Venner.

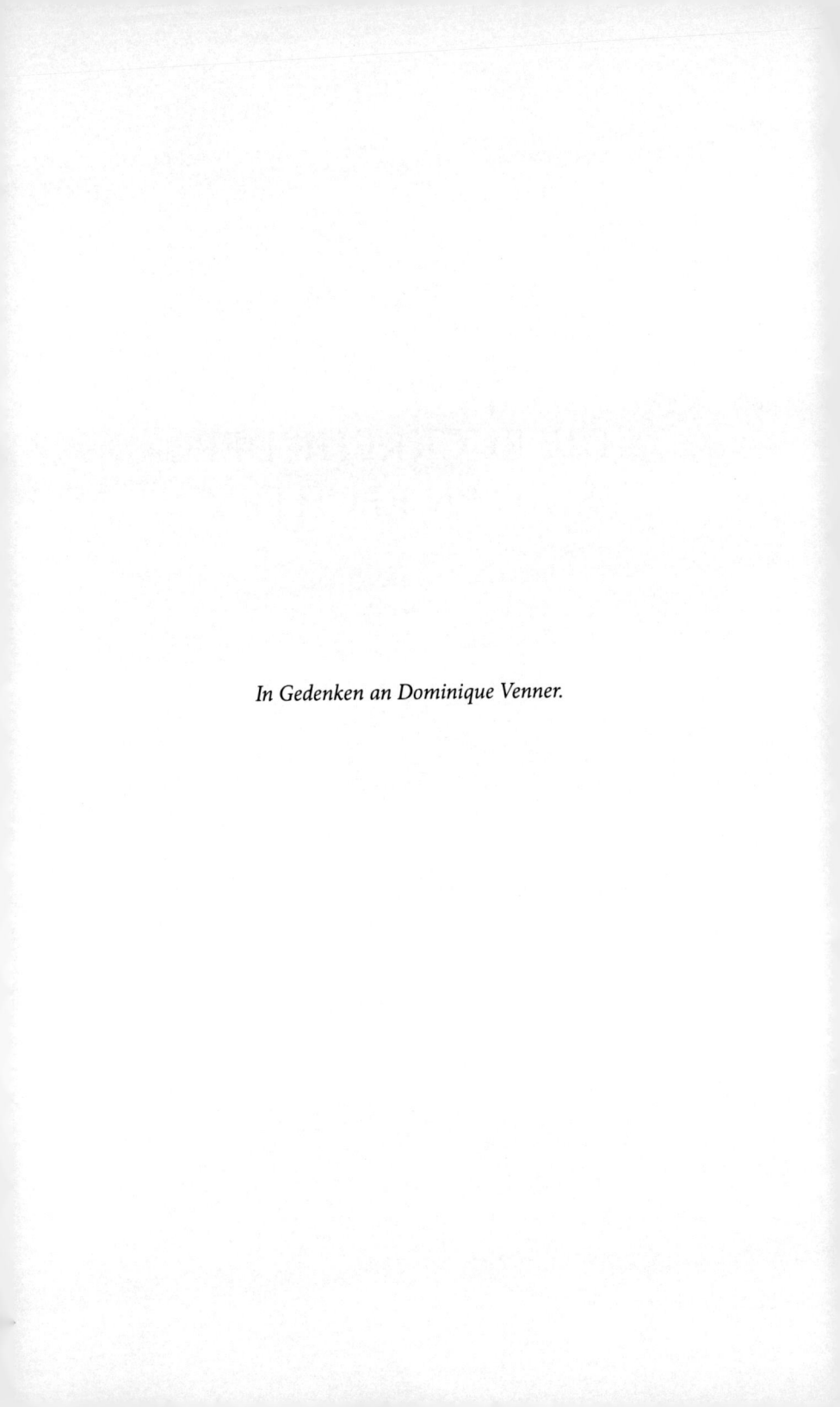

DANIEL FRIBERG

DIE RÜCKKEHR DER ECHTEN RECHTEN

HANDBUCH FÜR DIE WAHRE OPPOSITION

ARKTOS
LONDON 2015

© 2015 Arktos Media Ltd.

Alle Rechte, einschließlich derjenigen des teilweisen Abdrucks sowie der photomechanischen und elektronischen Wiedergabe, sind vorbehalten.

Gedruckt in Großbritannien.

1. englischsprachige Ausgabe: Arktos Media, 2015

1. deutschsprachige Ausgabe: Arktos Media, 2015

ISBN 978-1-910524-57-2

ÜBERSETZER

Nils Wegner

SATZ UND TYPOGRAPHIE

Tor Westman

ARKTOS MEDIA LTD.

www.arktos.com

Inhaltsverzeichnis

Zum Geleit: Die wahre Rechte schmieden vii
Vorwort: Daniel Friberg und Schwedens Rechte xii
1. Die Rückkehr der echten Rechten 1
   Der kulturelle Eroberungskrieg der Linken 2
   Der Niedergang der Alten Rechten 4
   Die Geburt der Neuen Rechten 7
   Schwedens Neue Rechte geht in Führung 9
   Der drohende Untergang der Linken 12
2. Metapolitik von rechts 15
   Metapolitik praktizieren 17
   Die metapolitische Speerspitze der Rechten 22
3. Orientierungspunkte 23
   Mensch und Gesellschaft 23
   Imperium Europa 24
   Wirtschaft und Politik 26
   Die Völker der Welt und der Ethnopluralismus 27
   Parlament, Revolution, Reaktion 29
4. Dem Sturz der Linken begegnen 32
   An die politisch Verfolgten 32
   Vom Umgang mit Expo, dem SPLC, Searchlight und anderen Haßgruppen 38
5. Ein knapper Rat in Geschlechterfragen 43
   Für Männer 45
   Für Frauen 49
   Zusammenfassung 52
6. Metapolitisches Wörterbuch 53
7. Laßt das Abenteuer beginnen! 94
   Nachwort: Der innere Krieg 97

Zum Geleit

Die wahre Rechte schmieden

Das Buch, das Sie hier lesen, ist nicht von einem reinen Theoretiker verfaßt worden, sondern von einem erfahrenen Frontkämpfer der europäischen Neuen Rechten.

Ich traf meinen Freund und Kollegen Daniel Friberg erstmals 2009, als ich noch Teil des Arktos-Vorgängers Integral Tradition Publishing war und wir in den frühen Planungen für das steckten, was im Folgejahr zu Arktos Media werden sollte. Anfangs war mir nicht viel über ihn bekannt gewesen, da ich aus den Vereinigten Staaten komme, aber je mehr ich über die in den vorangegangenen zehn Jahren in Schweden aufgekommene Neue Rechte in Erfahrung brachte, desto offensichtlicher wurde durch meine Gespräche mit anderen, daß Daniel eine, wenn nicht gar die Schlüsselfigur in der Entstehung einer veritablen – und dringend benötigten – dortigen Neuen Rechten war. Aus den vielen Jahren, die er darin eingebunden war – bemerkenswert in einem frustrierenden Milieu, wo wenige die Geduld haben, über eine kurze Zeitspanne hinaus durchzuhalten –, war seine Hingabe an die Belange Schwedens klar ersichtlich; ebenso aus der schieren Menge an Projekten, in denen er aktiv gewesen war. Dies alles sagte mir, daß es hier einen Mann mit dem Engagement und der Beharrlichkeit gab, die es brauchen würde, Arktos auf lange Sicht und insbesondere in den schwierigen und herausfordernden ersten Jahren auszubauen. Daniel bestätigte diese Einschätzung während unserer Zeit in Indien umfänglich, als es wenige Annehmlichkeiten gab und die reine Bewältigung des Alltagslebens oftmals schon eine Menge Mühen und Entbehrungen mit sich brachte. (Falls Sie jemals versucht haben sollten, eine internationale Firma von Indien aus zu führen, und dann wegen eines Ausfalls Ihres Internets technische Hilfe brauchten, haben Sie eine ungefähre Vorstellung von unseren häufigen Abenteuern.) Und glücklicherweise zahlte sich das alles aus, angesichts des jetzt mehr als fünfjährigen Bestehens von Arktos und seines fortlaufenden Wachstums und Erfolgs.

Ein anderer günstiger Aspekt unserer Zusammenarbeit war es, daß Daniel und ich stets über die Richtung, die Arktos nehmen sollte, übereinstimmten, nämlich: neue Ideen und Perspektiven in die Rechte einzuführen, um sie wieder zu Kräften zu bringen, und zu diesem Zweck mit neuen und unorthodoxen Methoden zu experimentieren. Die Nachkriegsrechte überall im Westen kann in einer von zwei möglichen Weisen charakterisiert werden – schrittweiser Kompromiß mit (und schließlich Kapitulation vor) Sprache, Thesen und Blickwinkeln der Linksliberalen oder aber eine Art reaktionäres Klammern an eine entschwundene und teils übermäßig idealisierte Vergangenheit, was die Anhänger zu nichts weiter als Heulsusen macht, die der Welt um sie herum mit der Faust drohen und sich dabei immer weiter von ihrem eigenen Volk und der heutigen Zeit entfernen. Mit Arktos wollten wir unseren Beitrag dazu leisten, den Austausch auf der Rechten zu verändern; sowohl durch den Versuch, die Grundlagen des Diskurses zu verändern, als auch durch Hilfe beim Finden einer neuen Sprache und Methodik, um die dazugehörigen Gedanken auszudrücken.

Während wir uns immer einig waren, daß Arktos keine einzelne Ideologie oder Glaubensrichtung propagieren und sich nicht einmal ausschließlich mit Arbeiten politischer Art befassen sollte, ist es nichtsdestoweniger so, daß der Gedanke, den Ideen der Neuen Rechten zu einem breiteren Publikum zu verhelfen, von Anfang an zentraler Bestandteil unseres Entwurfs von Arktos war. Der Begriff »Neue Rechte« wird heute häufig gebraucht und ist immer undeutlicher geworden, weil es soviele verschiedene Vorstellungen davon gibt, was genau die Neue Rechte ausmache. Aus diesem Grund bevorzuge ich persönlich den Begriff »wahre Rechte«, den Julius Evola gelegentlich benutzte. Diese Art von Rechter ist nicht »konservativ« im gewohnten Sinne des Begriffs, weil sie nicht versucht, die europäische Kultur in ihrem gegenwärtigen oder einem vergangenen Zustand zu bewahren. Vielmehr ist sie bemüht, die Ideale und Werte wiedereinzusetzen, die in Europa vor dem Aufkommen des Liberalismus selbstverständlich waren. Genausowenig ist die wahre Rechte überhaupt »rechts« im konventionellen Sinne. Wenn wir etwa auf die politische, philosophische und soziale Weltanschauung des Heiligen Römischen Reiches oder des klassischen Athen zurückblicken, so finden wir eine Art des Begreifens der Dinge vor, die auf unsere modernen Gemüter wie etwas Neues und Herausforderndes wirkt. Es kann nicht als links oder rechts definiert werden, sondern kombiniert Elemente von beidem. So ist beispielsweise nicht von der Hand zu weisen, daß lokale Gemeinschaften im Mittelalter oder in der Antike über weitaus mehr Autonomie verfügten, als ihnen in modernen Nationalstaaten zugestanden wird; auch die einzelnen Ländereien, die das Heilige Römische Reich bildeten, genossen tatsächlich mehr Freiheit und Vielfalt als die heutigen Staaten der Europäischen Union oder der USA. Der Blick zurück vor die Welt des Liberalismus zeigt uns daher revolutionäre Gedanken auf – insbesondere, wenn wir uns vergegenwärtigen, daß sich die ursprüngliche Bedeutung von »Revolution« darauf bezog, etwas in seinen Urzustand zurückzuversetzen, anstatt die Durchsetzung utopischer Veränderungen zu versuchen, was das Wort heutzutage in politischen Zusammenhängen meist bedeutet.

Gleichzeitig ist der Zusatz »neu« in mancherlei Hinsicht angemessen, weil wir nicht einfach die Uhr auf eine frühere Zeit zurückdrehen wollen. Die Neue Rechte ist in der Tat neu, insoweit sie, während sie sich mit Ideen und Konzepten beschäftigt, die fast vergessen sind, ebenso gewillt ist, der modernen Welt nach ihren eigenen Regeln zu begegnen, und nach Wegen einer Zusammenführung der besten Traditionen und Werte der Vergangenheit mit den zeitgenössischen Entwicklungen in Kultur, Philosophie, Wissenschaft und Gesellschaft insgesamt sucht. Im Gegensatz zum »großen Gatsby« erkennen wir an, daß wir die Vergangenheit nicht wiederholen können, so ruhmreich sie auch einmal war. Die Welt wandelt sich unaufhörlich, und mit ihr die Bedürfnisse von Gesellschaften und Zivilisationen. Wir können in der Weisheit unserer Vorfahren nach Orientierung suchen, die uns hilft, in diesem extrem komplexen und chaotischen Zeitalter Kurs zu halten; und in der Tat ist es unsere Pflicht denen gegenüber, die es uns ermöglicht haben zu existieren, ihr Andenken und ihr Vermächtnis nicht zu vernachlässigen. Aber wir sollten uns dadurch nicht vor Veränderungen oder der Suche nach dem Potential neuer Ideen zurückschrecken lassen. Wir müssen auf gewisse Weise radikal sein – nicht, um Veränderungen um ihrer selbst willen herbeizuführen, sondern um unseren Platz innerhalb des neuen geschichtlichen Paradigmas zu finden, in das wir hineingeworfen wurden. Um dies zu erreichen, sollten wir willens sein, uns mit allem Notwendigen zu beschäftigen, in jedem Bereich und aus jeder Quelle, um herauszufinden, wie die nächsten Schritte unserer Zivilisation aussehen sollten. Ein Paradebeispiel: Technologie verändert unsere Arbeitsweise ebenso rasant wie unser Verständnis von Identität, und jede politische Kraft, die in der Zukunft relevant bleiben will, wird einen wohldurchdachten Zugriff auf diese Themen haben müssen. Geben wir die traditionellen Konzeptionen von Arbeit und Identität zugunsten einer unsicheren Zukunft einfach auf, oder entwickeln wir neue Herangehensweisen an sie, die mit unseren Ansichten übereinstimmen? Die Rechte muß sich dareinfinden. Einfach darauf zu beharren, daß wir bei überkommenen Handlungsweisen bleiben sollten, die nicht mehr von Bedeutung sind und auf die nur wenige Menschen reagieren werden, ist eine Anleitung zum Scheitern.

Wo sich Altes und Neues treffen und zusammenfinden – da liegt der Ort, den die Neue Rechte zu besetzen sucht, und die Essays in diesem Buch sind das Ergebnis der vielen Jahre, die Daniel gedanklich und aktionistisch mit der Bewältigung der Frage, wie das zu schaffen sei, verbracht hat. Er führt in die grundlegenden Konzepte der Neuen Rechten sowie ein Stück ihrer Geschichte ein und bietet Rat, wie mit der Gegenseite umzugehen sei. Auch wenn es jeden Tag offensichtlicher wird, daß die Mehrzahl der Menschen in Europa und Amerika auf unseren Standpunkt hin einlenkt, gibt es noch immer jene auf der Linken und sogar innerhalb der nutzlosen Fraktion innerhalb des politischen Establishments, die sich selbst »rechts« nennt, die spüren, daß ihre Macht ins Rutschen gerät, und uns zu dämonisieren versuchen, indem sie uns mit Flüchen belegen: »Faschist«, »Nazi« und »Rassist« sind ihnen die liebsten. Da das nun einmal so ist, müssen wir vorbereitet sein, um reagieren zu können. Daniel hat auch in dieser Hinsicht einige stichhaltige praktische Ratschläge zu bieten.

Wenn Sie in der Welt der Neuen Rechten neu sein sollten, so seien Sie herzlich willkommen. Ich hoffe, dieses Buch bietet Ihnen einige geistige Nahrung für den Beginn Ihrer Reise. Sollten Sie sich selbst ertappen, wie Sie ihm zustimmen, so hören Sie niemals mit dem Lesen und Nachdenken auf und werden Sie dort aktiv, wo Sie mit Ihren Talenten und Neigungen am besten hinpassen. Der Kampf beginnt gerade erst, und er wird in den kommenden Jahren weiter anwachsen, bis er jeden Bereich menschlicher Tätigkeit umfaßt. Ich hoffe, daß Ihnen dieses Buch – im Widerspruch dazu, wie es manchmal scheinen mag – auch zeigen wird, daß Sie nicht allein sind.

JOHN B. MORGAN
Programmchef, Arktos Media
Budapest, Ungarn
30. September 2015

Vorwort

Daniel Friberg und Schwedens Rechte

Vor zehn Jahren befand sich die schwedische Rechte in einer Sackgasse. Es gab wenige verfügbare Optionen auf der politischen Bühne, da nur eine konservative Rechte auf dem Totenbett (deren Herzschlag heute längst ausgesetzt hat), eine gemäßigte Einwanderungskritik aus liberaler Perspektive und die nationalistische Bewegung zur Auswahl standen. Jede dieser Möglichkeiten hatte ihre Einschränkungen. Die meistgewählte Option, die liberale Kritik, krankte am mangelnden Bekenntnis zur positiven und authentischen Bedeutung ethnischer Unterschiede und zeichnete sich durch ihren Widerwillen gegenüber jeder breiteren historischen Perspektive aus. Das Fehlen einer wahrhaftigen, konsequenten Rechten mit starken Ideen und unverdorben von pragmatischer Anpassung an die Doktrinen der linksradikalen Eliten stach schmerzhaft ins Auge.

Dieser gordische Knoten wurde großteils vom Autor des Buchs zerschlagen, das Sie gerade in Händen halten. Es bietet eine wertvolle Lektion in Metapolitik an und für sich, einen Kurzlehrgang in der Analyse von Angebot und Nachfrage auf dem politischen Markt. Soweit es um die Nachfrage geht, beschäftigt sich Metapolitik unter anderem mit der Identifizierung der vorhandenen Gruppen in einer gegebenen Gesellschaft und damit, welcher dieser Gruppen es an politischer und ideologischer Repräsentation ermangelt. In Schweden, wie in ganz Europa, wäre das die große Mehrheit von Lieschen Müller und Otto Normalverbraucher. Die vorrangige metapolitische Aufgabe ist es dann, dieser Gruppe den generellen Stand der Dinge zu Bewußtsein zu bringen, ebenso wie ihre wahren und legitimen Interessen. Sie muß auch an die Tatsache erinnert werden, daß Schweden und Europäer existieren, daß sie eine Geschichte haben, berechtigte Ansprüche und Interessen, und daß sie über eine Kultur verfügen, die ihre eigene ist.

Ebenso wichtig, wenngleich schwieriger, ist die Angebotsseite – die verfügbaren ideologischen und politischen Milieus zu analysieren und, falls notwendig, zu ändern oder gar zu vermehren. Als Lösung des Problems, die schwedische Sackgasse zu durchbrechen, wurde vorgeschlagen, die als europäische Neue Rechte bekannte Denkschule einzuführen und zu adaptieren. Daß dies gelingen würde, war alles andere als sicher. Die Aufgabe bedurfte Einzelner mit beachtlichen intellektuellen Ressourcen, Entschlossenheit und Willensstärke ebenso wie einer Kombination aus Pragmatismus, politischem Instinkt und Weitblick. Daniel Friberg war ein solcher Einzelner, und es ist extrem fraglich, ob es ohne ihn eine schwedische Neue Rechte gegeben hätte. Das macht es besonders interessant, sein politisches Denken zu erforschen.

Die Neue Rechte, die in Frankreich unter den Auspizien von Alain de Benoist und seines GRECE (*Groupement de Recherche et d'Études pour la Civilisation Européenne*) ihren Anfang nahm, bekam ihren Namen ursprünglich unfreiwillig, nachdem sie in den 1970ern von den Medien so getauft worden war. Noch immer dreht sich die Debatte darum, ob unsere Gedanken die letzte Inkarnation der wahren Rechten bilden oder »jenseits von links und rechts« stehen. Für jeden der beiden Standpunkte spricht einiges, doch um unsere Ideen als jenseits von links und rechts zu bezeichnen, muß man die gegenwärtige Definition dessen, was »die Rechte« sei, akzeptieren. Was heute als »die Rechte« dargestellt wird, ist tatsächlich Blendwerk. Man erkennt sie leicht an ihrem rhetorischen Fokus auf »den Markt«, ihrer Fixierung auf »Individualismus« und »Freiheit«, ihrer transatlantischen Loyalität zu Brüssel und zum Weißen Haus sowie ihrer Apathie oder Feindseligkeit gegenüber jeglichem Konzept europäischer Identitäten, Werte und Traditionen. Hält man diese »falsche Rechte« gegen die »wahre Rechte«, so wird man in letzterer Anlagen finden, die als »sozialistisch« – mit einem Schwerpunkt auf Solidarität innerhalb organischer Gruppen – bezeichnet werden könnten, aber ebenso solche, die man als »liberal« (im europäischen Sinne, *nota bene*) mit einem starken Fokus auf Freiheiten gesehen werden können. Verglichen mit diesen Ideen stehen Schwedens und Europas »konservative« Parteien nur noch als Möchtegern-Rechte da.

In Schweden, und vielleicht auch anderswo, gibt es hinreichende Gründe für die Opposition, sich das genuin »rechte« Konzept zu eigen zu machen, nachdem es von den politischen Kräften, die es normalerweise verteidigt hatten, weitgehend aufgegeben worden ist. Seine Nutzung stellt die Tatsache klar heraus, daß wir kein Teil des »Establishments«, sondern vielmehr seine einzigen wahren Herausforderer sind. In unserer Ideengeschichte finden wir in der Neuen Rechten eine vollständige Alternative im Hinblick auf Weltanschauung, Zugriff auf die Geschichte, soziale Idealvorstellungen und Anthropologie. Insbesondere Anthropologie sollte in den kommenden Jahren eine immer größere Rolle spielen, weil – da der *de facto* ideale Mensch der offiziellen westlichen Ideologie ein chipsfressender Sesselfurzer ist – unsere Alternative mehr und mehr als attraktiv angesehen werden wird. Die Ideen von 1789 haben das Ende ihres Wegs erreicht, und ihre Konsequenzen für die Gesellschaft wie für die Individuen, die diese konstituieren, sind heute schmerzhaft offensichtlich geworden. Die Alternative ist die Neue Rechte, deren Gedanken vorzustellen der Autor dieses Buchs besonders qualifiziert ist.

JOAKIM ANDERSEN
Mitherausgeber, *Motpol*

1

Die Rückkehr der echten Rechten

Die kulturelle Hegemonie der Linken, die von 1945 bis 1989 währte, ist vorüber. Der Konsens, den es nach dem Zweiten Weltkrieg zwischen Kommunisten, Christdemokraten und Sozialisten gegeben hat, ist verschwunden. Die Tabus sind gebrochen – für immer.

– Gáspár Miklós Tamás

Nach über einem halben Jahrhundert des Rückzugs, der Verdrängung und andauernder Zugeständnisse an eine immer aggressivere und anspruchsvollere Linke kehrt die wahre europäische Rechte mit Macht zurück. Das geschieht keinen Tag zu früh; Europa steht vor einer langen Reihe an Problemen, von Bedrohungen ganz zu schweigen. Es steht außer Frage, ob die Linke oder die liberale Rechte den Willen oder die Fähigkeit zur Lösung dieser Probleme besitzen – tatsächlich sind sie die beiden Hauptprobleme. Die Wiederkehr des Gedankenguts der traditionellen Rechten ist in der Tat etwas, das uns alle angeht.

Der kulturelle Eroberungskrieg der Linken

Noch in den 1950er Jahren wurden traditionelle Ideale im Großteil Europas als die Norm angesehen. Die Kernfamilie galt als Grundlage der Gesellschaft, und die relativ homogene ethnische Zusammensetzung der europäischen Nationalstaaten wurde nicht als Problem angesehen, das durch Masseneinwanderung zu lösen sei. Heute, mehr als 60 Jahre später, sind die Ideale des Westens vollständig umgekehrt worden, und ursprünglich aus den Randzonen der extremen Linken stammende Ideen sind zu sozialen Normen erhoben worden, die nun das Bildungswesen, die Medien, unsere staatlichen Einrichtungen und private, regierungsunabhängige Organisationen bestimmen.

In seinem herausragenden Buch *New Culture, New Right*[1] zeigt Michael O'Meara den Weg der Entwicklungen auf, die uns an diesen Punkt gebracht haben. Einer der von ihm behandelten Faktoren ist die Frankfurter Schule mit ihrem Konzept der Kritischen Theorie: Am Frankfurter *Institut für Sozialforschung* strebten marxistische Soziologen und Philosophen im frühen 20. Jahrhundert danach, mittels ihrer philosophischen Konzeption und selektiver Gesellschaftsanalyse das Vertrauen auf traditionelle Werte und Hierarchien zu untergraben. Ihre Zielsetzungen sollten – im Zuge eines Prozesses, den darzulegen an dieser Stelle zu weit führen würde – eine zunehmend wichtige Rolle in der Nachkriegszeit spielen.

Viele Gedanken der Frankfurter Schule finden sich in den Darstellungen der heutigen Wirklichkeit sowohl durch die Linke als auch durch die Medien. In einer Gesellschaft, die durch unkontrollierte Einwanderung und die damit verbundenen sozialen Probleme bestimmt wird, versuchen beide, die Bevölkerung davon zu überzeugen, daß der springende Punkt westlicher Rassismus sei. Die Konzepte von »Mein Bauch gehört mir« und des radikalen Feminismus' scheinen

---

1 *New Culture, New Right. Anti-Liberalism in Postmodern Europe*, London: Arktos, 2013.

maßgeschneidert, um die Selbstsucht beider Geschlechter auf die Spitze zu treiben und gleichzeitig die Geburtenziffer weit unter das Selbsterhaltungsniveau zu drücken; in der öffentlichen Auseinandersetzung werden das 'Patriarchat' und 'traditionelle Geschlechterrollen' behandelt, als seien sie gefährliches Gedankengut.

Masseneinwanderung, sexuelle Freizügigkeit und viele andere negative Entscheidungen, politische wie kulturelle, können jedoch nicht allein mit dem Treiben linker Politiker hinreichend erklärt werden. Ohne die Frankfurter Schule und ähnliche Projekte ist es unwahrscheinlich, wenn nicht unvorstellbar, daß sie die heutigen Ausmaße angenommen hätten. Um zu verstehen, wie eine der größten Zivilisationen der Geschichte – innerhalb eines, historisch betrachtet, kurzen Moments – die drastische Wandlung von einer lebensbejahenden hin zu einer einzigartig selbstzerstörerischen Gesellschaftsform durchmachen konnte, muß man die Bedeutung der Metapolitik für die sozialen Umwälzungen der zweiten Hälfte des 20. Jahrhunderts kennen.

Das Konzept der Metapolitik wurde vom italienischen Kommunisten Antonio Gramsci entwickelt, um zu erklären, weshalb die kommunistische Revolution sich in Westeuropa nie durchsetzen konnte. Gramsci zufolge mußte zuerst die kulturelle Hegemonie des Bürgertums gebrochen werden, um die Gesellschaft für die Idee einer kommunistischen Machtübernahme empfänglich zu machen. Von dieser Analyse geleitet, begann die Linke später das, was Rudi Dutschke als ihren *langen Marsch durch die Institutionen* bezeichnete, und stellte letztlich die linke Kulturhegemonie in Europa sicher – eine Hegemonie, die durch langfristige, ausdauernde und kompromißlose Metapolitik hergestellt wurde. Weder politische Gewalt noch Parteipolitik spielten in diesem Vorgang eine große Rolle, auch wenn er beide beeinflußte. Das Ergebnis war tatsächlich ein anderes, als Gramsci sich hätte träumen lassen (wie Paul Gottfried in *The Strange Death of Marxism*[2] herausgestellt hat), aber es kam immerhin ein Ergebnis zustande.

Metapolitik läßt sich definieren als der Prozeß des Verbreitens und Verankerns eines gewissen Satzes kultureller Ideale, Standpunkte und Werte in einer Gesellschaft, was schließlich zu tiefergehenden politischen Veränderungen führt. Diese Arbeit muß nicht – und sollte wohl auch nicht – an eine konkrete Partei oder ein Programm geknüpft werden. Es geht letzten Endes um die Veränderung der *Bedingungen, unter denen Politik gedacht wird*, welche die kulturelle Linke Europas zum Äußersten getrieben hat. Der metapolitische Würgegriff, in dem die politische Korrektheit Westeuropa hält, ist das Resultat einer konsequenten Kultivierung – oder eher: des Mißbrauchs – dieser Strategie. Nur, indem wir dieses Werkzeug verstehen, seinem Mißbrauch entgegentreten und es unseren eigenen Zwecken dienstbar machen, können wir die erbärmliche Lage überwinden, in der sich unser Kontinent befindet.

Der Niedergang der Alten Rechten

Der Vormarsch der Linken in der zweiten Hälfte des 20. Jahrhunderts wurde durch drei Hauptfaktoren ermöglicht:

Nach dem Zweiten Weltkrieg wurde die Rechte mit der Verliererseite assoziiert, vor allem mit dem Nationalsozialismus. Die Tatsache, daß es Konzentrationslager und systematische politische Verfolgung auch, wenn nicht in noch größerem Ausmaß, in der siegreichen Sowjetunion ebenso wie in der vorangegangenen Französischen Revolution gab, die den Aufstieg des Liberalismus mit sich brachte, wurde von der revolutionären Linken viel effektiver genutzt als von der revolutionären Rechten. Den Apologeten der Linken gelang es, all diese Verbrechen unter den Teppich zu kehren.

---

2   *The Strange Death of Marxism. The European Left in the New Millennium*, Columbia, MO: University of Missouri Press, 2005.

Der erwähnte lange Marsch der Linken durch die Institutionen eskalierte in den 1960er und 1970er Jahren, um in ihrer Usurpation der Medien, kulturellen Einrichtungen und des Bildungssystems zu gipfeln – mit anderen Worten: jener Säulen der Gesellschaft, die Gedanken und Meinungen des Volks prägen.

Die Linke, die sich in Westeuropa und den Vereinigten Staaten unter der Anleitung von Figuren wie Herbert Marcuse entwickelte, nahm eine exzentrische Form an. In dieser neuen Linken wurde die europäische Arbeiterklasse als unheilbar reaktionär abgetan und in ihrer Funktion als revolutionäres Subjekt durch sexuelle und ethnische Minderheiten ersetzt. Zeitlich fiel dies mit dem Aufstieg mächtiger, neuer politisch-ökonomischer Interessen und Neigungen im Westen zusammen. Die Glaubenssätze der marcusianischen Linken, wonach Klassenkampf und wirtschaftliche Umverteilung durch einen Kultus des Individuums und seltsame Arten der identitären (Minderheiten-) Politik abgelöst würden, stimmten mit dem Konzept des Idealkonsumenten überein, welches die Oligarchen des neuen liberalen Weltmarkts entworfen hatten. Ebenso ließ die Entschlossenheit der amerikanischen Regierung, ihre eigene linke Opposition von jeder Art des Paktierens mit der Sowjetunion abzuhalten, die Linke marcusescher Prägung als ideale Rückzugsstrategie erscheinen.

Die erfolgreiche Metapolitik der Linken, durch die sie in Jahrzehnten hartnäckigen Ringens schrittweise Kontrolle über die elementaren kulturformenden Einrichtungen erlangte, kann gewiß als Beispiel für das dienen, was wir nun zur Durchsetzung unserer eigenen Ziele in die Tat umsetzen müssen. Gleichzeitig ist sie auch ein Warnsignal. Soweit das linke Projekt bislang wirtschaftliche Gleichheit und ein Ende der Entfremdung des Individuums in der modernen Gesellschaft – mit anderen Worten: die Marxschen Ideale – zu verwirklichen suchte, ist es offensichtlich kläglich gescheitert. Obwohl sie (beispielsweise in Schweden) die öffentliche Debatte fest im Griff hat, vollbringt die Linke in der Praxis wenig mehr, als die Rolle eines Hofnarren des globalen Kapitalismus zu spielen. Dessenungeachtet erfüllt sie weiterhin ihr anderes Ziel, nämlich die angestammten europäischen Völker von der Abwehr gegen eine politische Unternehmung abzuhalten, die ihr Recht auf Selbstbestimmung unterhöhlt. Zu diesem Zweck ersetzte Sentimentalität die marxistische Geschichtsanalyse. Selbst deren relativ begrenzte Formen der ökonomischen Umverteilung sind schrittweise auf dem Schutthaufen der Geschichte gelandet, abgesehen von der Umschichtung finanzieller Ressourcen von den europäischen Mittelklassen hin zu sowohl den Großunternehmen als auch dem anwachsenden ausländischen *Lumpenproletariat*, das auf europäischem Boden abgeladen wurde. Wenn wir uns heute auf das »Gespenst des Kommunismus« beziehen, das – wie Marx in seinem *Manifest* behauptete – in Europa umgeht, so sprechen wir von einem ziemlich zurechtgestutzten Phantom.

All dies deutet darauf hin, daß die Vorstöße der Linken zum großen Teil mit dem Wohlwollen der und auf Veranlassung durch die westlichen Eliten stattgefunden haben – worauf eine genuin rechte Bewegung kaum zählen kann. Die Rechten haben dennoch, im Gegensatz zu den Linken, den Vorteil, in vielerlei Hinsicht schlicht zutreffendere Ansichten zu haben. Unsere Beschreibung der Realität deckt sich eher mit den tatsächlichen Erfahrungen der Menschen im Alltagsleben (was in der Politik von elementarer Bedeutung ist), und unsere Vorhersagen und Erklärungen stehen in engerem Bezug zu dem, was wirklich in unseren Gemeinschaften passiert. Das ist zwar noch keine Erfolgsgarantie, aber ein Vorteil.

Wenn wir von der Rechten sprechen, müssen wir uns darüber einig sein, nicht die linksliberale Parodie zu meinen, die etwa im schwedischen öffentlichen Diskurs so bezeichnet wird. Das »rechte Lager« Schwedens, mit seinem Linksrutsch und seiner eingewurzelten Schwäche und Furcht, ist dieses Namens unwürdig – ebenso wie die Republikaner in den Vereinigten Staaten oder die Tories in Großbritannien. Der Aufstieg dieser Art von »Rechter« in der Nachkriegszeit ist eine direkte Folge ihres Versagens dabei, die Wichtigkeit von Metapolitik und kulturellen Bemühungen zu erfassen. Deshalb hat sie in diesen Angelegenheiten schlicht vor der Linken kapituliert. Geborgen im Wissen, daß die Neue Linke keine Bedrohung für Privatbesitz oder finanzielle Machtverhältnisse (die einzigen Themen, die europäischen Liberalen und »Konservativen« gleich wichtig zu sein scheinen) darstellt, scheinen die »rechten Flügel« Europas zufriedengestellt. Wo dies nicht der Fall ist, treten sie für Ideen wie Gleichheit, Feminismus, Masseneinwanderung, Postkolonialismus, Antirassismus, Schwulen- und Gender-Interessen ein.

Eine »Rechte«, die Teil der Linken geworden ist, ist wertlos. Und es ist Zeit, daß diese armseligen Verfechter fataler Halbheiten den Weg freimachen für eine waschechte Rechte.

Die Geburt der Neuen Rechten

Dieses Buch umreißt ein Beispiel des möglicherweise wichtigsten Versuchs der Nachkriegszeit, eine unverfälschte Rechte (wieder-) aufzubauen. Aus den Überresten der alten Rechten hat sich auf dem europäischen Kontinent ein beeindruckendes Spektrum an Intellektuellen erhoben. Der um das Zentrum des französischen Theoriezirkels *Groupement de Recherche et d'Études pour la Civilisation Européenne* (GRECE) gruppierte Kreis mußte einen schwierigen Mittelweg finden. Für die im Nachkriegseuropa Geborenen ist es leicht, Politik lediglich als Wahl zwischen linkem Utopismus, Marktliberalismus und »Neonazismus« oder »Faschismus« zu sehen. Diese Dreiteilung ist offensichtlich falsch, doch hatte das von der Linken angeführte westliche Establishment lange Zeit ein Interesse daran, sie aufrechtzuerhalten.

Alle Europa Wohlgesonnenen, seien es Einzelne, Denkzirkel oder Parteien, müssen innerhalb der Parameter dieses lächerlichen Paradigmas operieren und Mittelwege zwischen den ständigen Attacken der käuflichen Prediger des Hasses auf der einen Seite und ihrer

Verpflichtung gegenüber den eigenen Idealen, wie sie in europäischer Geschichte und Tradition wurzeln, auf der anderen Seite finden. GRECE ist vielleicht die Gruppe, die sich – mit wechselndem Erfolg – über die letzten 50 Jahre hinweg dauerhaft am meisten mit diesem Problem herumgeschlagen hat.

Ganz klar: Hier liegt das Problem, das die sozialen Bewegungen angehen müssen, die Europas Not zu beenden oder zumindest zu lindern versuchen. Alle »rechtspopulistischen« Parteien sind gezwungen, nach den Regeln einer politisch-ideologischen Hegemonie zu spielen, die den angestammten Völkern Europas zumeist offen feindselig gegenübersteht und um so feindseliger jedem, der sich zum Fürsprecher ihrer Interessen erklärt. In manchen Fällen passen sich solche Leute nur minimal an – indem sie sich etwa vollständig von Kriminellen, Terroristen und Idioten distanzieren, was die Grundvoraussetzung für jeden möglichen Gewinn ist und ihren Sieg erst wünschenswert macht. Die zunehmenden Reibungen zwischen den vielfältigen ethnischen Gruppen in Europa sind die direkte Folge aus radikalem Multikulturalismus (ebenso der Einwanderung selbst wie auch der krankhaften Natur der politischen Ideologien, die den gleichen Namen tragen), doch bedeutet dies nicht, daß die spontane Feindseligkeit der Mehrheit gegenüber diversen anderen Gruppen etwas ist, das unmittelbar in ein sinnvolles politisches Projekt transformiert werden könnte oder sollte. Druck seitens des »Establishments« könnte insofern tatsächlich ein positiver Umstand sein, denn er zwingt die Rechte dazu, sich zu disziplinieren und sowohl Ideologie als auch politische Außenwirkung positiver zu gestalten.

Bis dahin aber können die, die ihren Weg mit einem Fuß in der Spur politischer Korrektheit und dem anderen daneben zu beschreiten versuchen, auch in die falsche Richtung davonwatscheln – und zwar radikal. Parteien, deren Funktion die Bewahrung (oder eher Wiederherstellung) traditioneller europäischer Werte ist, sollten sich nicht damit aufhalten, sich bei den eingeschworenen Feinden eben dieser

Werte einschmeicheln zu wollen. Es mag ein Ausdruck politischer und persönlicher Reife sein, von vulgären »rassistischen« Äußerungen Abstand zu nehmen, doch ist »Antirassismus« etwas ganz anderes – es bedeutet, Teil einer Bewegung zu sein, die im tiefen Haß auf Europa und seine Geschichte verbunden ist.

Fieberhafter Haß auf Juden, Homosexuelle, Muslime oder andere Minderheiten ist klar unvernünftig und kann zu keinerlei positivem politischen Vorhaben führen. Dennoch braucht Europa heute eine Rechte, die sich um *seine eigenen* Interessen kümmert, nicht um die derjenigen, die es zum Werkzeug an seiner Zukunft bestenfalls desinteressierter Gruppen machen würden.

Schwedens Neue Rechte geht in Führung

Zu Beginn des neuen Jahrtausends zerfällt die Vorherrschaft des Establishments, während die Schwächen der ideologischen und völlig unrealistischen Weltsicht der Linken klarer zutage treten. In der Folge wird sie zunehmend herausgefordert, von einer wachsenden Anzahl europäischer Männer und Frauen.

Diese Entwicklung geht in ganz Europa vor sich, selbst im notorisch ultraliberalen Schweden. Obwohl die Schweden auf Grund des unverhältnismäßig starken Zugriffs der Linken auf unsere meinungsbildenden Institutionen in dieser Hinsicht hinterherhinkten, holen wir langsam auf. Neue politische Akteure sind aufgetreten und haben den verzagten Sozialkritikern neuen Mut gemacht, die – nach Jahren rücksichtsloser Verfolgung – nun in der Lage sind, in der Frischluft der politischen Dämmerung ihren Ansichten Ausdruck zu verleihen. Alles in allem hat dies optimale Bedingungen für eine breitere Wirkung unserer Ideen geschaffen – in Schweden vor allem ablesbar am Aufstieg der Schwedendemokraten, gepaart mit einem rapiden Anwachsen der öffentlichen Meinung zu ihren Gunsten.

Obwohl die Allgemeinheit größtenteils nur die oberflächlichen Aspekte – im Sinne von Wahlerfolgen – des beginnenden Paradigmenwechsels sieht, begann dieser Trend in Wahrheit viel früher. Hinter den Kulissen der Alltagspolitik, wo wir gegen unseren Willen gelandet sind, weil die Kontrolleure der Massenkommunikationskanäle unsere Autoren und Denker effektiv vom öffentlichen Diskurs ausschlossen, sind die Vorbereitungen dafür schon seit über einem Jahrzehnt im Gange, beispielhaft für lebhafte Bemühungen, die Entwicklung und Verbreitung authentisch europäischer Werte und Kulturen voranzubringen.

Wenn man diesen Aktivitäten einen definitiven Ausgangspunkt geben müßte, so könnte man sagen, daß die schwedische Neue Rechte vor exakt zehn Jahren das Licht der Welt erblickte. 2005 begann in Göteborg eine kleine Gruppe rechtsgesinnter Studenten zusammenzutreten, bestehend aus solchen von uns, die sich enthusiastisch mit der Lektüre einer Reihe bahnbrechender Arbeiten beschäftigten – darunter die englischsprachige Erstausgabe von Michael O'Mearas *New Culture, New Right* ebenso wie Essays von Alain de Benoist, Guillaume Faye, Dominique Venner, Pierre Krebs und anderen Denkern der kontinentaleuropäischen Neuen Rechten. Diese Texte öffneten uns die Augen für das neuartige intellektuelle Arsenal der Rechten mit seinen explosiven Ideen, nicht zuletzt das einzigartige Konzept einer »Metapolitik von rechts«. Gebührend inspiriert gründeten wir am 10. Juli 2006 die Denkfabrik *Motpol*, die kurz nach Erscheinen dieses Buchs ihren zehnjähriges Bestehen feiern wird.

Zehn Jahre lang hat *Motpol* Öffentlichkeitswirksamkeit zu entfalten versucht und weiter daran gearbeitet, etwas zu schaffen, das die alte, impotente Rechte ersetzt, was wir schrittweise verwirklichen konnten. *Motpol* wurde anfangs mit Skepsis und Feindseligkeit begegnet; nicht nur von der Linken und liberalen Rechten, sondern auch von einigen Nationalisten und »radikalen Rechten«.

Im Laufe der Jahre erlangten wir jedoch mehr und mehr Respekt sowohl von Nationalisten als auch sogar von den feindseligen Linken, während sich unsere Unternehmungen von einem kleinen Theoriezirkel mit angeschlossenem Blog zu einem größeren Netzwerk entwickelt haben, das Vorträge und Seminare in ganz Schweden organisiert. Die bekannteste dieser Veranstaltungen ist wohl die jährliche Vortragsreihe *Identitarian Ideas,* die Beiträge von vielen der eindrucksvollsten konservativen und rechten Denker der ganzen Welt präsentieren konnte. Schließlich wurde *Motpol* zum voll ausgewachsenen Online-Kulturmagazin, das es jetzt ist, mit Gastbeiträgen aus einem weiten Spektrum an Hintergründen und Standpunkten.

Motpol diente nicht nur als Denkfabrik und Lobbymagazin, sondern auch als Erprobungseinrichtung zur Kultivierung der neuen Stimmen der schwedischen alternativen Rechten. Viele talentierte Autoren und Kommentatoren haben bei uns ihre Karriere begonnen. Manche sind geblieben, andere haben sich neuen Projekten gewidmet. Die meisten haben einen erkennbaren Einfluß auf politische Entwicklungen in Schweden gehabt, nicht zuletzt die intellektuelle Debatte, und sie werden gewiß noch für viele weitere Jahre damit fortfahren.

Parallel zu *Motpols* Erscheinen und wachsendem Einfluß haben wir in Schweden das allmähliche Aufkommen eines einzigartig professionellen, alternativen Mediennetzwerks erlebt, das heute, 2015, begonnen hat, die Medien des Establishments herauszufordern. Es umfaßt eine Reihe verschiedener Publikationen und Portale, vom libertär-konservativen Flaggschiff *Fria Tider,* das mit seiner breiten Neuigkeitenabdeckung bei völliger Unabhängigkeit von Mainstream-Nachrichtenkanälen weltweit einzigartig ist, bis hin zu *Avpixlat* mit fast ausschließlichem Fokus auf Kritik an der schwedischen Immigrationspolitik. Wir sehen nun ein breit aufgestelltes und mächtiges Mediennetzwerk der alternativen Rechten, das die Dominanz linksliberaler Medien in Schweden ernsthaft infragestellt.

Motpol ließ außerdem etliche Nebenprojekte mit internationaler Wirkung entstehen, deren herausragendstes der Arktos-Verlag ist – mit bis heute über 100 veröffentlichten Titeln weltweit führend unter traditionalistischen und rechten Verlagen. Obwohl die Arktos-Mannschaft international besetzt ist, war der Kreis um *Motpol* und die schwedische Neue Rechte absolut essentiell für den Erfolg.

In Anbetracht der Randlage Schwedens und seiner niedrigen Bevölkerungsdichte war der Einfluß, den wir in den letzten Jahren auf politische Inhalte und die Entwicklung der europäischen Rechten hatten, unverhältnismäßig hoch und wurde nur noch von den Bemühungen unserer Mitstreiter in Frankreich, Deutschland und Ungarn übertroffen. Und das trotz der Tatsache, daß unsere Erfolge im Bereich der praktischen Politik – zumindest noch – weiter hinterherhinken.

Die systematischen Anstrengungen, die zur Umkehr der liberalen Tendenz in Schweden und Europa unternommen wurden, werden lediglich von einer kleinen Minderheit in unseren Gesellschaften durchgeführt. Doch wie so viele, einschließlich Oswald Spengler, betonten: Es ist stets eine entschlossene Minderheit, die den Lauf der Geschichte ändert. Durch die Geschichte hindurch sind weniger durchorganisierte Gruppen oft erfolgreich darin gewesen, die Entwicklung einer Gesellschaft durch Anwendung wohldurchdachter Strategien zu beeinflussen. Wie es Michail Chodorkowski, einer der vom Westen finanzierten Herausforderer Wladimir Putins vor der russischen Präsidentschaftswahl 2016, formulierte: »Eine Minderheit ist einflußreich, wenn sie organisiert ist.«

Diese optimistische Erkenntnis hat über dem gesamten Projekt der schwedischen Neuen Rechten gestanden.

Der drohende Untergang der Linken

Die echte Rechte kehrt nun überall in Europa zurück. Region für Region, Land für Land zwingen wir die desillusionierten, demoralisierten und weibisch gewordenen Lakaien der Linken zurück an den Rand der Gesellschaft, wo ihre abenteuerlichen Ideen und zerstörerischen Utopien hingehören. Die extreme Linke nimmt ihre Niederlage allerdings nicht mit Anstand hin. Von ihrer Seite sehen wir gewalttätigen Aufruhr, parlamentarisches Theater und eine unbegreifliche Fixierung auf die Konstruktion und Durchsetzung verschrobener sexueller Identitäten, ebenso wie einen erneuerten »antifaschistischen« Kampf, der aus Schikane, Gewalt und – in einigen Fällen – sogar Morden an politischen Gegnern besteht. All das sind Symptome ihres schwindenden Einflusses und wachsender Verzweiflung. Wer den Kollaps der Rechten in der Nachkriegszeit studiert hat, wird diese Muster leicht wiedererkennen, denn es liegt nichts Neues in der linken »Taktik«. Gleichwohl ist unser politisches Projekt natürlich nicht primär gegen die durchgedrehte Linke gerichtet. Unsere wahre Aufgabe wird es sein, eine Alternative zur liberalen Moderne in ihrer Gesamtheit zu ergründen und auszuarbeiten. Diese Arbeit wird allerdings durch die pubertären und selbstmörderischen Possen der Linken erleichtert.

Der italienische Philosoph Julius Evola sprach von »Menschen inmitten von Ruinen«, um die erzwungene Isolation der Traditionalisten und wahren Rechten im Nachkriegseuropa zu beschreiben. Derart entmachtet waren sie zum Warten auf den richtigen Zeitpunkt gezwungen, während die Welt um sie herum zum Schlimmsten an Exzess und Dekadenz der Moderne degenerierte. Sie fanden sich in einem Europa wieder, in dem zuvor randständige Ideen von links – nun unterstützt durch das internationale Kapital – sich plötzlich in soziale Normen verwandelten. Einem Europa, in dem ein anachronistischer »Antifaschismus« und eine hyperindividualistische, liberale Marxismusvariante als neue Religionen etabliert wurden. Einem Europa, das einer permanenten Revolution gegen Tradition, Hierarchie und sämtliche Strukturen und Werte, die der europäischen Zivilisation erst zu gedeihen gestattet hatten, die Zügel schießen ließ. Einem Europa, in dem utopischer Unsinn immer bizarrere und schädlichere Sozialexperimente gebar. Einem Europa, das – trotz dieser schwierigen Bedingungen und düsteren Zustände – noch die Kraft bewahrt hat, das Blatt zu wenden, seine Furcht zu überwinden und die Kontrolle über sein Schicksal zurückzuerlangen.

Wir Traditionalisten und Rechte, die Verteidiger Europas, sind nun für über ein halbes Jahrhundert Außenseiter gewesen. In der traurigen Abenddämmerung Europas treten wir nun in die vorderste Front. Wir sind die Speerspitze der Zukunft Europas, und wir vertreten die ewigen Ideale und Werte, die nun auf breiter Front zurückkehren – etwas Neues bauend aus den Grundsteinen, die wir inmitten von Ruinen gefunden haben.

Wir sind die Männer und Frauen der wahren Rechten. Wir sind die Verteidiger der faustischen Zivilisation. Und Europa gehört uns – morgen und immerdar.

2

Metapolitik von rechts

Die europäische Zivilisation steht vor einer existentiellen Krise. Regionale und nationale Identitäten sind längst aufgelöst und mitnichten in eine paneuropäische Identität überführt worden, sondern wurden durch einen egoistischen Konsumkult ersetzt, der die soziokulturellen und politischen Fundamente Europas zertrümmert hat. Fremde Horden besiedeln unsere Heimatländer mit ausdrücklicher Unterstützung der Eliten, und die Völker unseres Kontinents tun nichts, um dem entgegenzutreten. Um die Gründe und die Lösung dieser Krise zu finden, müssen wir die von den meisten für selbstverständlich gehaltenen, konstruierten »Wahrheiten« hinter uns lassen; wir müssen hinter den Vorhang aus Symbolen, Ethnomasochismus, kultureller Auflösung, Oikophobie und massenmedialer Indoktrination blicken.

Die heutigen Europäer stehen vor etlichen großen Herausforderungen. Traditionelle, soziale Werte wie Ehre, Würde, Opferbereitschaft, Gemeinschaftssinn, Ehrfurcht vor dem Werk der vorangegangenen Generationen und die Sicht der eigenen Generation als Glied einer Kette von weiter Vergangenheit hin zur fernen Zukunft sind über lange Zeit hinweg unterhöhlt worden. Die heutige Jugend hat jeden letzten Rest geschichtlicher Erinnerung und Identität verloren, damit den Glauben an die Zukunft ebenso wie jede andere übergreifende Perspektive. Deshalb lebt sie im Hier und Jetzt, im ständigen Streben nach unmittelbarer sinnlicher Befriedigung. Auf der anderen Seite hegen ältere Europäer oft undeutliche und überholte Vorstellungen von der Gesellschaft, in der sie leben. Die Kette der Geschichte ist zerbrochen worden, und das »jetzt« ist keine natürliche Fortsetzung des »damals« mehr.

Technologie und Wissenschaft schreiten weiter voran. Doch in Anbetracht der zunehmenden Kulturzerstörung, intellektuellen Trägheit und demographischen Abwärtsspirale werden die Möglichkeiten für wissenschaftlichen Fortschritt auf lange Sicht versiegen. In den 2000er Jahren sahen wir, daß ein zunehmender Teil der arbeitenden Bevölkerung angemessener Bildung und Fähigkeiten ermangelt – eine Entwicklung, die deutliche Spuren auf dem Arbeitsmarkt und in der Wirtschaft hinterläßt.

Unsere Kultur ist allmählich verfallen und hat sich hin zu einem materialistischen, hedonistischen Konsumkult entwickelt; das Ergebnis einer langsamen Ausrottung der ursprünglichen Kultur Europas. Eine der frühesten Grundursachen hierfür war der Sturz der europäischen Aristokratie durch die Revolutionen in Frankreich und Amerika. Später kam die Entwicklung hin zu einem industrialisierten, urbanisierten und zunehmend entwurzelten Europa dazu. Seit dem Ende des Zweiten Weltkriegs steht eine amerikanisierte Konsum- und Unterhaltungskultur im Zentrum dieses Auflösungsprozesses, die die angestammten und eigentümlichen Kulturen Europas verdrängt hat.

Wir leben in einer zersplitterten und relativierten Wirklichkeit, in der nahezu alle kulturellen Erfahrungen, Normen und Mythen gegen angeblich universelle Abstraktionen ausgetauscht wurden, die in Begriffen wie »Humanismus«, »liberale Demokratie«, »Toleranz« und »Menschenrechte« lauern.

Der geschichtliche Prozeß, der mit der Renaissance und dem Entstehen einer bürgerlich-materialistischen Zivilisation begann, um in den liberalen Revolution Amerikas und Frankreichs und der fortschreitenden Ablösung der englischen Monarchie und Aristokratie durch demokratische und liberale Reformen zu gipfeln, nahm mit dem Wachstum von Kapitalismus und Industrialisierung zu; er führte schließlich zum dramatischen Präzedenzfall der kommunistischen Revolution in Rußland. Letzten Endes wurde Europa in zwei Weltkriege gezwungen, die es kulturell und physisch dezimiert und verstümmelt zurückließen.

Der letzte Schritt in diesem Prozeß ist das massenhafte Hereinströmen von Immigranten aus anderen Zivilisationen, die sich mit der stillschweigenden und gedankenlosen Zustimmung der mehr denn je wurzellosen und kulturell verarmten Europäer innerhalb unserer Grenzen ansiedeln. Diese ethnischen Gruppen – angesichts ihrer Zahlen müssen wir von Immigrantengruppen statt Individuen sprechen – wachsen und dehnen sich aus, zum Nachteil unserer eigenen Völker. Die Europäer reagieren weder politisch noch kulturell, sondern lassen alles passiv und still geschehen. Die wenigen politischen Reaktionen, die vorkommen, befassen sich in der Regel nur mit den Symptomen – Einwanderung, kulturelle Entwurzelung und Entfremdung, steigende Kriminalitätsraten – und scheuen die ihnen zugrundeliegenden Ursachen.

Metapolitik praktizieren

Metapolitik ist ein Krieg um gesellschaftlichen Wandel auf den Ebenen Weltbild, Denken und Kultur. Jedem parlamentarischen Kampf muß ein metapolitischer Kampf vorausgehen, der ihn legitimiert und unterstützt. Im besten Fall reduziert Metapolitik den Parlamentarismus zu einer rein formalen Angelegenheit.

Um die grundlegenden Herausforderungen anzugehen, vor denen Europa steht, genügt es nicht, zurückzublicken oder lediglich auf die jüngsten äußeren Anzeichen der tiefverwurzelten Gründe für das Verschwinden der Kulturen und Völker Europas zu reagieren. Wir müssen den Zusammenhang und die Ursachen unserer Situation erkennen, analysieren und dann – politisch und kulturell – im Einklang mit unseren Schlüssen handeln. Was wir brauchen, ist daher *metapolitisches* Denken und Handeln. Die metapolitische Analyse befaßt sich nicht einfach mit den offensichtlichen, oberflächlichen Aktionen der Alltagspolitik, sondern ergründet, was die Entwicklung der Gesellschaft in ihrer Gesamtheit über lange Zeiträume hinweg kontrolliert und beeinflußt, bezogen auf die unterschwelligen Annahmen und das Bewußtsein des Durchschnittsbürgers. Metapolitik befaßt sich mit Kultur, Wirtschaft, Geschichte und sowohl innerer wie äußerer Politik – nicht einfach nur mit Staat, Partei oder Nation. Wir müssen die Gesellschaft als Ganzes verstehen, als einen Organismus, um in der Lage zu sein, sie in konstruktiver und nachhaltiger Weise neu zu ordnen.

In den vergangenen Jahrzehnten haben die meisten Organisationen, die sich für das Wohl der europäischen Völker einsetzten, Strategien gewählt, die in der Geschichte erfolgreich waren, im modernen Kontext jedoch nicht länger relevant sind. Die bloße Imitation vergangener politischer und revolutionärer Siege ist zum Scheitern verdammt. Um es simpel auszudrücken: Es hat nur einen Caesar, nur einen Napoleon gegeben, und es wird immer so bleiben. Wir müssen nicht nur von der Geschichte lernen, wie man Macht und Einfluß erlangt, sondern auch verstehen, was Macht an sich ist, wo sie liegt und wie ihr Form gegeben wird.

Metapolitik ist die Grundvoraussetzung der Politik – die Dynamik der Macht, wie sie sich auf der Straße und dem Computerbildschirm und bis hin zu Regierung und Parlament niederschlägt; in Medien und Presse; in Universitäten, kulturellen Einrichtungen und der Zivilgesellschaft ebenso wie in Kunst und Kultur. Kurzum: in allen Kanälen, die individuell oder kollektiv wahrgenommene Werte transportieren. Aus diesem Grund muß die metapolitische Analyse der politischen Aktion vorausgehen.

Wenden wir unsere Aufmerksamkeit noch einmal dem marxistischen Theoretiker Antonio Gramsci zu, der kurz vor und während der faschistischen Herrschaft eine Schlüsselrolle in der kommunistischen Bewegung Italiens spielte. Der Versuch der Kommunisten, 1919/20 in Norditalien die Fabriken zu erobern und so den Händen der Bourgeoisie zu entwinden, scheiterte. 1926, vier Jahre nach Mussolinis Amtsantritt, wurde Gramsci wegen seines Widerstands gegen das Regime zu zwanzig Jahren Haft verurteilt und verblieb bis zu seinem Tod 1936 im Gefängnis. Während seiner Haftzeit führte Gramsci eine Reihe von Tagebüchern, die posthum als *Gefängnishefte* veröffentlicht wurden und noch heute viele immens wichtige Lektionen in Strategie bieten.

In diesen Ausarbeitungen behauptete Gramsci, daß der Staat nicht auf seinen politischen Apparat beschränkt sei. In Wirklichkeit arbeite er im Zusammenhang mit dem sogenannten bürgerlichen Apparat. Mit anderen Worten: Jede politische Machtstruktur wird durch einen bürgerlichen Konsens verstärkt, der aus der sozialen und psychologischen Unterstützung seitens der Massen besteht. Diese Unterstützung findet Ausdruck in den Annahmen, die ihrer Kultur, Weltsicht und ihren Gebräuchen zugrundeliegen. Jede politische Ideologie, die ihren Zugriff auf die Macht erhalten will, muß sich durch das Aufrichten und Verbreiten dieser Annahmen in der Masse absichern.

Am Ende des Ersten Weltkriegs, in einer von extremer Krise bestimmten Zeit, wurde Italien von gewalttätigen Auseinandersetzungen über Arbeit und die Enteignungen von Ackerland sowie vom Zusammenbruch vieler seiner traditionellen Institutionen erschüttert. Die Unruhen erreichten ihren Höhepunkt im September 1920, als Gewerkschafter die Fabriken der norditalienischen Metallindustrie, die zu dieser Zeit einer der entscheidenden Wirtschaftsbereiche war, besetzten und unter Verwaltung durch die Arbeiter zur Produktion zurückführen wollten. Kurzzeitig schien es, als würden sie dem Beispiel ihrer russischen Pendants folgen und den revolutionären Übergang zu einem Regime nach sowjetischer Art in Gang setzen. Doch es sollte nicht sein. Die Streiks flauten ab, die linken Parteien zersplitterten sich, und zwei Jahre später übernahm Mussolinis Faschistische Partei die Kontrolle über den Staatsapparat.

Im Gefängnis dachte Gramsci über die Gründe nach, warum die Linke in einer Zeit, in der sich die Regierungseinrichtungen in Auflösung befanden und die herrschende Klasse der notwendigen Mittel zur Machtausübung ermangelte, an der Ausnutzung dieser revolutionären Entwicklung gescheitert war. Er kam zu dem Schluß, daß die Erklärung in der Ideologie zu finden sei. Im Gegensatz zu vielen seiner klassisch marxistischen Genossen war er der Ansicht, daß die Autorität des Staats auf mehr als nur der Polizei und dem Justizsystem beruhe. Gramsci, der Literaturwissenschaften studiert und als Journalist gearbeitet hatte, erkannte, daß die beherrschende soziale Schicht den öffentlichen Diskurs kontrollierte und so Autorität darüber ausüben konnte, wie Sprache genutzt wurde, um auf diese Weise die von ihr repräsentierte soziale Ordnung als vollkommen normalen und natürlichen Stand der Dinge, ihre Gegner aber als bizarr und bedrohlich darzustellen.

Bezüglich der Kultur kam Gramsci zum gleichen Schluß. Aus seiner Sicht beruhte die Ausübung politischer Macht auf Konsens statt auf Zwang. Daraus folgte, daß der Staat nicht deswegen regieren konnte, weil die meisten Menschen seine Repressionsmöglichkeiten fürchteten, sondern weil er Ideen adaptierte – eine Ideologie, die die Gesellschaft gänzlich durchtränkte –, die seinem Handeln Legitimität und den Anschein von etwas »Natürlichem« gaben.

Auf Grundlage dieser Analyse verstand Gramsci, warum es den Kommunisten nicht gelungen war, in den bürgerlichen Demokratien die politische Macht an sich zu reißen. Sie verfügten nicht über die kulturellen Mittel dazu. Niemand kann einen politischen Apparat umstürzen, ohne zuvor Kontrolle über die kulturellen Determinanten erlangt zu haben, auf denen die politische Herrschaft grundsätzlich beruht. Man muß zuerst die Zustimmung des Volkes gewinnen, indem man bestimmte Konzepte im intellektuellen Diskurs, in Gebräuchen, Denkgewohnheiten, Wertesystemen, Kunst und Erziehung verankert.

Im von dem italienischen Theoretiker beschriebenen Krieg der Positionen – ein Krieg, in dem Ideen und Auffassungen die primären Frontstellungen markierten – würde der Sieg vom Erfolg darin abhängen, die vorherrschenden Werte neu zu definieren, alternative Institutionen zu den vorhandenen zu etablieren und die vorhandenen Grundwerte der Bevölkerung zu unterminieren, um sie in absehbarer Zeit zu ändern. Eine geistige oder kulturelle Revolution erschien dementsprechend als notwendige Voraussetzung für eine politische Revolution. Die Eroberung der politischen Macht ist nur der letzte Schritt eines langen Prozesses – eines Prozesses, der mit Metapolitik beginnt.

Metapolitik geht es, kurz gesagt, um die Beeinflussung und Formung des Denkens der Menschen, ihrer Weltanschauungen und der Konzepte, anhand derer sie die Welt um sie herum verstehen und definieren. Nur wenn metapolitische Anstrengungen diese Basis erfolgreich verändern und die Bevölkerung zu fühlen beginnt, daß die Veränderung eine selbstverständliche Notwendigkeit ist, wird die etablierte politische Macht – die sich nun vom öffentlichen Konsens entkoppelt wiederfindet – ins Straucheln geraten, um schließlich mit einem Knall zu stürzen oder sich antiklimaktisch totzulaufen, woraufhin sie durch etwas anderes ersetzt wird. Metapolitik kann daher als ein Krieg um gesellschaftlichen Wandel auf den Ebenen Weltbild, Denken und Kultur gesehen werden. Die Linke hat längst gelernt, auf diese Weise zu kämpfen, und stand bis vor recht kurzer Zeit quasi unangefochten auf dem metapolitischen Schlachtfeld. Dies ändert sich jedoch, und ich hoffe, daß dieser Text dazu beitragen wird, die wachsende Einsicht der Rechten in die Notwendigkeit metapolitischer Arbeit zu vermehren.

Die metapolitische Speerspitze der Rechten

Mit diesen Erkenntnissen als Ausgangspunkt können wir getrost feststellen, daß eine politische Bewegung, die nicht in den metapolitischen und kulturellen Kampf eintritt, keinerlei dauerhafte soziale Veränderungen herbeiführen können wird. Jedem politischen Kampf muß ein metapolitischer Kampf vorausgehen, der ihn legitimiert und unterstützt. Andernfalls ist er zu einem närrischen Kampf gegen Windmühlen verdammt.

Eine metapolitische Avantgarde zu begründen und so ein essentieller Teil der breiteren Bemühungen, Europa zurück auf den rechten Pfad zu führen, zu werden: dies ist der Hauptauftrag der europäischen Neuen Rechten. Wir sehen Metapolitik als eine multidimensionale, undogmatische und dynamische Kraft mit dem Potential, die Essenz der wichtigen Themen, mit denen wir heute konfrontiert sind, zur Sprache zu bringen und Perspektiven zu entwickeln, die sowohl den politisch korrekten Nebel um uns herum als auch die – für jeden denkenden Menschen klar erkennbar – unbegründeten Gefühle von Schuld und Selbsthaß, die die Völker Europas niederdrücken, auszuhöhlen und niederzureißen vermögen.

Doch Metapolitik unterminiert und dekonstruiert nicht nur; sie erschafft, ermutigt, inspiriert und erhellt. In ihrer Gesamtheit gesehen, zielt unsere Metapolitik darauf ab, eine authentische Rechte in Bewegung zu setzen; eine Macht, die durch unsere eigenen, alternativen Medienkanäle ebenso an Stärke zunimmt wie durch Lücken in den zensierten Kanälen des Establishments. Sobald eine kritische Masse erreicht ist, wird diese Macht ihr eigenes, unaufhaltsames Leben führen, in revolutionärer Weise die engen Beschränkungen des öffentlichen Diskurses erweitern und den Weg für eine europäische Renaissance ebnen – eine fortlaufende, unwiderstehliche Transformation, die Europas Würde, Stärke und Schönheit wiedereinsetzen wird.

3

Orientierungspunkte

In einer Zeit, in der das politische Geschäft für gewöhnlich von Opportunisten und Minderwertigen geführt wird, ist langfristiges und prinzipientreues Denken notwendiger denn je. Die folgenden, knappen Orientierungspunkte sollen einige der Grundsätze zusammenfassen, die denen, die für die Zukunft Schwedens und Europas einstehen, den Weg weisen können.

Mensch und Gesellschaft

- Menschliche Gesellschaften entstehen und bestehen als Resultat eines komplexen Satzes an Faktoren. Einige dieser Faktoren sind die kulturellen Traditionen und Gebräuche der Einwohner, ihre Sprachen, Religionen, biologischen Charakterzüge, Ethik und Moral, Verbrauchsmuster sowie ihre sozialen, ethnischen und politischen Identitäten.

- Menschliche Wesen bedürfen einer authentischen Identität und eines historischen Kontexts, um sich in Einklang mit den Gesellschaften zu fühlen, in denen sie leben. Dieses Bedürfnis wird von schwammigen, plastikartigen Konsumidentitäten oder oktroyierten utopischen Konzeptionen davon, wie der Mensch sein sollte, nicht zufriedenstellend erfüllt. Eine authentische Identität gründet auf Sprache, Kultur, Volk und gesellschaftlicher Realität – nicht auf Meinungen, sexueller Orientierung oder medieninduzierten Impulsen und künstlichen Bedürfnissen.

- Die ethnische Identität ist heute ein natürlicher Ausgangspunkt für politische Organisation. Das liberale Konzept des Individuums hat sich ebenso wie die Klassenanalyse des Sozialismus als unzulänglich herausgestellt. Ethnische Gruppen bilden heute den entscheidenden Faktor in beinahe jedem Zusammenhang und stellen deshalb exzellente Ausgangspunkte für politische Analyse und Praxis gleichermaßen dar.

Imperium Europa

- Für viele Menschen bleibt ihre lokale, regionale oder nationale Zugehörigkeit das wichtigste Identitätsmerkmal. Die historischen Umstände haben diese Gruppierungen – zumindest als politische Einheiten – jedoch untauglich gemacht, sich um die politischen Interessen der Europäer überall auf der Welt zu kümmern. Dies war schon während des Kalten Krieges der Fall, als der Kontinent von der Sowjetunion und den Vereinigten Staaten entzweigeschnitten war; heute ist Europa lediglich ein Juniorpartner der USA, die sich nicht mehr nur mit Rußland, sondern auch China im Wettstreit befinden – wohl letztlich auch mit einer wiedererstehenden muslimischen Welt und Indien.

- Aus diesen und anderen Gründen ist ein geeintes, unabhängiges Europa vonnöten. Eine gemeinsame Außenpolitik, ein gemeinsames Militär und ein gemeinsamer Wille zur globalen Verteidigung der Interessen Europas sind der einzige Weg, auf dem der Kontinent sich selbst schützen und in der Welt politisch handeln kann, ohne lediglich der Vasall einer der anderen Großmächte zu sein.

- Das Heraufziehen einer multipolaren Welt hat bis dahin unvorstellbare Möglichkeiten für Europa geschaffen, sich durch rein diplomatische Maßnahmen aus der Unterordnung unter die Vereinigten Staaten zu befreien. Indem es verschiedene Großmächte gegeneinander ausbalanciert, könnte Europa seinen eigenen Weg suchen und finden, um eine höhere Ebene der Selbstbestimmung in politischen Belangen zu erlangen. Wenn relativ kleine Länder wie Japan und Burma/Myanmar viel erreichen können, indem sie die zunehmende Spannung zwischen China und den Vereinigten Staaten ausnutzen, kann Europa noch deutlich mehr schaffen, indem es beschließt, nur mit Großmächten zu kooperieren, die seine Souveränität respektieren.

- Trotz der Notwendigkeit politischer Integration sollten lokale, regionale und nationale Identitäten innerhalb der Grenzen Europas anerkannt, unterstützt, mit Rechten versehen und weiter ausgebildet werden. Die für die derzeitige Europäische Union charakteristische bürokratische Zentralisierung muß auf Bereiche beschränkt werden, wo sie absolut notwendig ist; also in erster Linie Sicherheitsfragen, Handel und Außenpolitik, aber wenig mehr als das. Imperium Europa oder, moderner ausgedrückt: eine europäische Föderation ist in einem rein politischen Sinne erstrebenswert, nicht als Mittel zur Erschaffung diesen oder jenen »Neuen Menschen« sozialistischen oder postnationalistischen Zuschnitts. Die regionalen und nationalen Identitäten Europas sollten nicht verworfen, sondern in einem paneuropäischen Rahmen gestärkt werden.

Wirtschaft und Politik

- Wir treten für den Vorrang der Politik vor der Wirtschaft ein. Politische Macht sollte offen ausgeübt werden, von sichtbaren und verantwortungsbewußten Individuen, die von ihnen regierten Menschen Rede und Antwort stehen können. Die derzeitige Sachlage, in der es Konzernen, Organisationen oder Privatpersonen mit angehäuften Unmengen von Macht oder Vermögen gestattet wird, die Entwicklungen in allen gesellschaftlichen Bereichen frei zu beeinflussen oder zu bestimmen, ist nicht hinnehmbar. Die genuin politischen Repräsentanten der Völker Europas müssen die Macht – und den Willen – haben, den verderblichen Einfluß des Geldes aus privater Tasche in der Politik einzudämmen.

- Vorrang ist nicht gleich Regulierung oder Planung. Die Möglichkeiten freier Märkte, freier Menschen und freien Handels, ökonomischen Wohlstand zu schaffen, sollten weder unterschätzt noch aus anderen Gründen als der Einflußbeschränkung des Geldes in der Politik und der Bewältigung sozialer Probleme, zu der der Markt allein nicht in der Lage ist, eingeschränkt werden. Der therapeutische Wohlfahrtsstaat hat sich in der Geschichte deutlich zuviele Freiheiten gegenüber Individuen und Gruppen in Europa herausgenommen, und es lohnt die Erinnerung daran, daß die allermeisten Opfer des Kommunismus nicht erschossen wurden, sondern auf Grund absurder wirtschaftspolitischer Maßnahmen verhungert sind. Des weiteren sollten gesellschaftliche Dienste und Finanzhilfen wie Heilfürsorge und soziale Absicherung, die Europa seinen Völkern gewährt, auf Europäer beschränkt statt auf Nichteuropäer ausgedehnt werden, deren einziges Interesse an einem Leben in Europa darin besteht, diese Ressourcen – die ihnen von utopistischen Politikern und sozialen Kreuzrittern freigiebig ausgehändigt werden – selbstsüchtig auszunutzen.

- Wirtschaft ist nicht die Grundlage der Gesellschaft, und eine dogmatische Herangehensweise an ihre Funktionen ist niemals vernünftig. Die Worte Alain de Benoists sind auch die unseren: Wir werden eine Gesellschaft mit einem Markt bereitwillig willkommenheißen, aber keine Marktgesellschaft. Im Gegenzug dürfen die Forderungen nach ökonomischer Gleichheit der Völker Europas zu ihrem eigenen Wohl nicht die positiven, Wohlstand generierenden Effekte der Marktkräfte einschränken können, wie sie es früher getan haben und in einigen Teilen der Welt noch immer tun.

- Vor den Mächten des Marktes geschützte Sphären haben ihren Eigenwert – religiöse Gemeinschaften, Kultur- und Sportvereine, lokale Geschichtsgesellschaften und andere derartige Formen gemeinschaftlicher Organisation sind wichtige Bestandteile einer gesunden Gesellschaft, vorausgesetzt, daß sie den Interessen der europäischen Völker dienen und nicht gegen sie arbeiten.

Die Völker der Welt und der Ethnopluralismus

- Unser historisches Subjekt ist Europa; zuerst und vor allem stehen wir für seine Interessen und die seiner Völker ein und verteidigen sie. Dies schließt in keiner Weise Wohlwollen gegenüber oder Zusammenarbeit mit anderen Völkern und politischen Gruppen aus. Gleichwohl verdient jeder Einzelne in Schweden und Europa politische Ordnungsinstanzen, die im Falle einer Bedrohung ihrer Sicherheit oder Wohlfahrt für das schwedische Volk und die europäischen Völker eintreten und ihren Wohlstand zu erhalten und zu vermehren suchen werden. Ein Politiker, der von der undeutlichen Vorstellung getrieben wird, daß seine hauptsächliche Loyalität einer abstrakten »Menschheit« oder »Welt« anstatt dem tatsächlich regierten Volk gelten sollte, kann niemals als politischer Führer oder auch nur als legitimer demokratischer Vertreter geduldet werden. »Menschheit« oder »die Welt« sind Konzepte ohne Bezug zu einer konkreten politischen, kulturellen, geschichtlichen oder anthropologischen Wirklichkeit, und wo sie beschworen werden, dienen sie zwangsläufig zur Vertuschung fragwürdiger Loyalitäten oder schierer politischer Idiotie.

- Hinsichtlich der Rolle, die Europa jenseits seiner eigenen Grenzen spielen sollte, wird die Geschichte entscheiden müssen. Grundsätzlich kann gesagt werden, daß es nicht seine Funktion sein sollte, anderen Völkern Lebensstile und politische Systeme aufzuzwingen, sofern diese nicht ausdrücklich Interesse daran gezeigt haben sollten. Der Gruppe der fanatischen Kriegstreiber, die – Platitüden über Menschenrechte und Demokratie auf den Lippen – auf der ganzen Welt Millionen töten und gleichzeitig dieselbe Rhetorik zur Anstachelung der Masseneinwanderung aus der Dritten Welt nach Europa nutzen, muß jeglicher Einfluß auf die Außenpolitik des Westens entzogen werden. Meinungen dazu, wie andere Völker ihre Angelegenheiten regeln, sollten ausschließlich auf diplomatischem und beispielhaftem Wege geäußert werden, nicht durch Angriffskriege und Versuche der Subversion, die in den letzten Jahrzehnten wieder und wieder zurückgekehrt sind, um uns heimzusuchen.

- Das Prinzip, wonach alle Völker – soweit möglich – nach ihrem eigenen Willen leben können sollen, basiert keineswegs auf einem kulturellen Relativismus, der sämtliche Handlungsweisen als für alle Völker, egal wo, gleichwertig ansieht. Es ist vielmehr ein strikt pragmatisches Prinzip: Kriege und Revolutionen sind ausnahmslos schlimmer als die Alternative, nämlich die Entwicklung jeder Gesellschaft den Menschen zu überlassen, die tatsächlich in ihr leben. Aus diesem Grund sollten wir nicht in fremden Ländern

Kriege führen, Revolutionen anzetteln oder auf andere Weise die etablierte Ordnung zersetzen.

- Als Gegenleistung für diese direkte Opposition wider Eingriffe in und Gewalt gegen andere Kulturen und Völker verlangen wir das Gleiche für uns selbst. Die Masseneinwanderung nach Europa muß ein Ende haben. Die Amerikanisierung sowie der Import dummer politischer Ideen und einer infantilen Popkultur müssen eingeschränkt und durch eine Kultur abgelöst werden, die teils »von unten«, durch die vielfältigen Völker unseres Kontinents, und teils durch intellektuelle und kulturelle Eliten, die politisch und geistig loyal zu Europa stehen, geschaffen wird.

Parlament, Revolution, Reaktion

- Parlamentarische Anstrengungen können nie mehr als Ergänzungen zu breiter angelegter kultureller und politischer Arbeit sein. Wahlergebnisse sind bloß Produkte einer Formung der öffentlichen Meinung und der Art und Weise, in der zwischen diesen Wahlen bestimmte Informationen verbreitet worden sind. Unsere Stärke ist es, von den tatsächlichen Umständen zu sprechen, die jedermann um sich herum wahrnimmt, im Gegensatz zu den antieuropäischen politischen Mächten, die weiterhin versuchen, den Menschen etwas vorzugaukeln und rosarote Bilder für sie malen, die sich im Angesicht der Fakten in Luft auflösen. Dies läßt sich in erstrebenswerte Wahlergebnisse für Parteien einer mehr oder weniger positiven Ausrichtung transformieren, doch stellen diese Ergebnisse nie mehr als einen leichten Vorteil für eine Arbeit dar, die stets mit einer breiteren und längerfristigen Perspektive im Hinterkopf getan werden muß.

- Politische Gewalt, ob von Einzelnen geplant oder durchgeführt, kann keinerlei positive Rolle bei der Wiedergeburt Europas spielen. Unser derzeitiges politisches Establishment ist gegenüber jedem, der es auf seinem eigenen Territorium herausfordert, übermächtig in einem Maße bar jeder geschichtlichen Parallele – nicht nur militärisch und im Hinblick auf Überwachung und Geheimdienste. Unter den jetzigen politischen Umständen zu einer wortwörtlichen »Revolte« oder »Revolution« aufzurufen bedeutet, sich gegenüber der Gesellschaft wie ein zorniges Kind gegenüber seinen Eltern zu verhalten: darauf hoffen, daß lautes Krachschlagen durch seine Harmlosigkeit dazu führt, daß der eigene Wunsch erfüllt wird. Bestes Beispiel hierfür ist die »revolutionäre« Linke: Sollte es jemals zu einer echten, direkten Konfrontation zwischen den westlichen Staatsapparaten und den jämmerlichen kleinen Horden von Kommunisten und Anarchisten kommen, die sie angeblich stürzen wollen, so würden letztere innerhalb weniger Tage vom Angesicht der Erde vertilgt und von niemandem vermißt werden. Die wahre Rechte sollte nicht versuchen, diese idiotische Zeitverschwendung nachzuahmen. Revolutionäres Geschwätz bringt nichts, außer geistig labile Charaktere zu Gewalttaten anzustacheln, die nicht nur moralisch verwerflich sind, sondern auch nicht den geringsten praktischen Wert haben können. Wir sollten solche Aktionen den Linksextremen und den radikalen Islamisten überlassen, von denen sie natürlicherweise ausgehen. Wir setzen uns selbst höhere Maßstäbe. Gewalt schafft nur Probleme. Nochmals: Unsere Methode ist die metapolitische Methode – die schrittweise Veränderung der Gesellschaft in eine Richtung, die uns und, viel wichtiger, der Gesamtbevölkerung nützt. Akteure innerhalb und außerhalb des etablierten politischen Systems können daran mitarbeiten, sofern ein Wille und somit ein Weg vorhanden ist. Revolutionäre Erhebungen haben über zwei Jahrhunderte hinweg den europäischen Kontinent verheert. Der Wahnsinn hat jetzt ein Ende. Die Reaktion kommt, Schritt für

Schritt, und wir werden Julius Evolas Rat folgen, unsere Feinde »mit Verachtung statt mit Ketten« zu überziehen.

- Die Durchsetzung unserer Ideen ist nicht nur möglich. Sie ist gewiß.

4

Dem Sturz der Linken begegnen

Nachdem die Linke ihren langen Marsch durch die Institutionen absolviert und ihren Zugriff auf die meinungsbildenden Einrichtungen (Nachrichten, Radio, Fernsehen...) gesichert hatte, verlor sie keine Zeit, diese neuerlangte Macht zur uneingeschränkten Verfolgung ihrer politischen Gegner einzusetzen. Diese Verfolgung begann so richtig in den späten 1990ern und hat seitdem an Schärfe und Geschmacklosigkeit zugenommen. In den folgenden beiden Abschnitten gebe ich praktische Ratschläge, was Du als Einzelner dagegen tun kannst – und solltest.

An die politisch Verfolgten

Die Verfolgung politischer Dissidenten in Schweden erreichte Ende 2013 einen neuen Höhepunkt, als die schlimmste Sorte von Schmutzfinken – hauptsächlich bei der wirtschaftlich angeschlagenen (und hoffentlich bald bankrotten) Boulevardzeitung Expressen angestellt – mit den harten Linksextremisten der sogenannten Research Group/AntiFa Documentation zusammenarbeitete und durch fragwürdige Methoden an die per-

sönlichen Daten schwedischer Bürger gelangte, die auf diversen Websites kritische Kommentare zur Einwanderungspolitik veröffentlicht hatten. Unmittelbar nach diesem Ereignis begann eine mediale Hexenjagd ohne Beispiel in der Presselandschaft des modernen Westens. Der folgende Artikel war meine unmittelbare Antwort auf diese Hetzkampagne und wurde am 13. Dezember 2013 bei Motpol veröffentlicht, ist jedoch nach wie vor zeitgemäß und relevant nicht nur für Schweden, sondern für ganz Westeuropa und Nordamerika; er wird es wahrscheinlich so lange bleiben, bis wir selbst die Lage zum Besseren wenden.

Selbstverständlich ist diese ganze Angelegenheit unangenehm für diejenigen, die unter den 6200 registrierten und auf Karten verzeichneten Betroffenen der Pranger-Kampagne von *Expressen* waren und deshalb angefeindet wurden. Nichtsdestoweniger ist sie auch ein klares Anzeichen von Verzweiflung innerhalb der linken Kultureliten, die sich in den letzten Jahrzehnten so sehr daran gewöhnt haben, hierzulande ein Monopol auf die Lenkung der öffentlichen Meinung zu haben; Eliten, die dieses Monopol nun rasend schnell einbüßen, vor allem auf Grund des Internets.

Es ist weitläufig anerkannt, daß die »Mainstreammedien« dahinsiechen und mit jedem weiteren Tag bedeutungsloser werden, während alternative Informationskanäle mit halsbrecherischer Geschwindigkeit an Boden gewinnen. Über zwei Millionen Schweden nutzen mittlerweile alternative Medien und Websites, darunter viele einwanderungskritische, als Hauptinformationsquelle. Das ist nur folgerichtig, da diese Medien trotz anderweitiger Schwächen in jedem Fall die von vielen Menschen tatsächlich erlebte Wirklichkeit besser abbilden, als es die etablierten Medien tun.

Trotz der Anstrengungen der etablierten Medien, ihnen entgegenzutreten, legen die Schwedendemokraten in jeder einzelnen Meinungsumfrage zu. Und der Journalistenklüngel, der es gewohnt ist, die öffentliche Meinung nach Belieben zu manipulieren, scheint rein gar nichts dagegen tun zu können. Wenig überraschend, daß die Damen und Herren jenseits aller Vernunft frustriert sind und sich zu Verzweiflungstaten wie dieser jetzigen erniedrigen. Diese dünkelhaften Moralpolizisten, normalerweise überfließend vor lauter Gerede von Mitgefühl und Toleranz, zeigen nun plötzlich ihre wahren Gesichter und eine totale Intoleranz gegenüber jedem, der ihnen unliebsame Ansichten hegt, ebenso wie eine völlige Entmenschlichung derer, die sie für ihre politischen Feinde halten. Für diese Humanitätsverfechter ist es vollkommen in Ordnung, jemandes Leben zu zerstören, um ihn für einen im Zorn geschriebenen Internetbeitrag zu bestrafen.

Aber verzagt nicht! Die Verzweiflung und Frustration, die wir nun innerhalb der Journalistenkaste beobachten können, ist ein deutliches Indiz für die Tatsache, daß sich die Lage in diesem Land im Prozeß der Normalisierung befindet, und kann als ein frühes Anzeichen des Todeskampfes der linken Hegemonie in Schweden betrachtet werden. Es heißt, daß es vor Anbruch der Dämmerung stets am dunkelsten sei, und die Dämmerung könnte schneller anbrechen, als Ihr denkt.

Im Moment ist es das Wichtigste, jeden persönlichen Schaden derjenigen unter Euch, die von diesen unmittelbaren Verfolgungen betroffen sind oder wahrscheinlich sein werden, zu minimieren. Laßt mich Euch zehn einfache Anregungen geben, was getan werden kann.

1. »**Kein Kommentar**«. Die Journalisten, die Kontakt zu Euch aufnehmen oder in gewissen Fällen gar die Unverfrorenheit besitzen, ungebeten vor Eurer Haustür zu stehen, sind es nicht wert, als ernstzunehmende Profis behandelt zu werden. Tatsächlich sind sie nicht einmal politische Gegner, sondern Gegner der gesamten schwedischen Tradition freier Rede. Tut diesen widerwärtigen kleinen Sadisten nicht den Gefallen, irgendwelche Kommentare abzugeben, die sie in ihren minderwertigen Artikeln zitieren können. Weigert Euch, mitzuspielen. Ihr seid zu keinerlei Aussage verpflichtet. Wenn Ihr selbst mit Kameras herumlaufen und un-

verschämte Fragen stellen würdet, würdet Ihr sehr wahrscheinlich wegen Belästigung festgenommen werden. Journalisten sind keine besseren Menschen als Ihr und haben kein Sonderrecht, Menschen zu belästigen.

2. **Bereitet ihnen den verdienten Empfang.** Wenn sie Euch zu Hause aufsuchen, verletzen sie Euer Besitztum – insbesondere, wenn Euch euer Haus selbst gehört. Es gibt vielerlei einfallsreiche, erlaubte und gewaltlose Wege, sie dazu zu bringen, das Gelände zu verlassen. Wenn Ihr glaubt, daß Euch ein Besuch linker Journalisten ins Haus stehen könnte, wäre es möglicherweise nützlich, einen Eimer Wasser direkt hinter Eurer Haustür bereitzuhalten. Dieser Eimer könnte einfach über dem Kopf des schmächtigen, gendersensiblen und Schwulenrechte verfechtenden Journalisten ausgeleert werden, der mit seinem Kamerateam an der Tür klingelt. Es muß auch nicht unbedingt sauberes Leitungswasser sein. Umweltbewußter wäre es, das Abwaschwasser vom Vortag oder etwas Gleichwertiges wiederzuverwenden. Für Freunde Europas ist es wichtig, die Umwelt im Auge zu behalten.

3. **Streitet alles ab.** Falls einige von Euch eine sensible Arbeitsstelle haben und Gefahr laufen, sie zu verlieren: Streitet die Anschuldigungen der Journalisten einfach ab und stellt klar, daß Ihr sie verklagen werdet, wenn sie ihre Behauptungen veröffentlichen sollten. Sagt nichts weiter. Ihr unterliegt keiner Verpflichtung, wegen der Nutzung Eures Rechts auf freie Rede Eure »Unschuld« nachzuweisen, und sie haben keinerlei echte Beweise vorzuweisen. Durch Hacker beschaffte Informationen haben keinen Beweiswert und könnten theoretisch genausogut gefälscht worden sein.

4. **Klagen, klagen, klagen.** Bringt alles, was sie schreiben, direkt vor Gericht. Meldet sie den maßgeblichen Instanzen für Presseethik, verklagt sie wegen übler Nachrede, besorgt Euch Anwälte. Die

linken schwedischen Medien sind es gewohnt, ohne rechtliche Folgen mit allem davonzukommen. Wenn sie in diesem Stil arbeiten, neigen sie zu Schlampereien und Unverantwortlichkeit; deshalb verletzen sie oft gesetzliche Grenzen verschiedenster Art. Das sorgt für leicht zu gewinnende Prozesse mit dem möglichen Bonus saftiger Schadensersatzzahlungen. Stellt sicher, besonders hohen Schadensersatz zu fordern, falls ihre Veröffentlichungen Euch die Arbeitsstelle kosten oder irgendeine andere Form persönlichen Schadens erleiden lassen.

5. **Boykottiert.** Fordert alle Eure Freunde und Bekannten dazu auf, die Zeitungen zu boykottieren, die sich an dieser Hetzjagd beteiligen oder sie akzeptieren. Es gibt in diesem Land knapp zwei Millionen potentielle Wähler der Schwedendemokraten und eine noch weit größere Anzahl an Leuten, die der Einwanderung kritisch gegenüberstehen oder schlicht genug von den schwedischen Mainstreammedien haben. Wenn ein signifikanter Block dieses Bevölkerungsanteils einfach aufhören würde, den Schmutz der Zeitungen zu kaufen, die sich an diesen stalinistisch anmutenden Kampagnen gegen Privatpersonen beteiligen, würden ihre ohnehin düsteren Umsatzzahlen wohl noch weiter verkümmern.

6. **Laßt sie ihre eigene Medizin schmecken.** Wenn Ihr Teil einer aktivistischen politischen Gruppierung seid, ist diese Kampagne eine großartige Gelegenheit, Gutes zu tun und gleichzeitig Legitimität und den guten Willen der Öffentlichkeit zu gewinnen. Öffentliche Unterstützung für das, was diese Zeitungen gerade betreiben, ist quasi nicht vorhanden – es könnte klug sein, die Journalisten für ihre Taten zur Rede zu stellen, indem Ihr sie anruft (und das Gespräch mitschneidet) oder einfach einmal *sie* mit Eurem eigenen »Kamerateam« zu Hause besucht, um sie um eine Erklärung für

ihr feindseliges Handeln gegen die freie Meinungsäußerung zu bitten.

7. **Brandmarken, brandmarken, brandmarken.** Über Jahre hinweg war es die Hauptwaffe der kulturellen Elite zur Bestrafung derjenigen, die das wahnsinnige Sozialexperiment der Masseneinwanderung hinterfragten, uns in Zeitungen und im Fernsehen anzugreifen und zu verleumden. Da wir uns nun einer neuen Situation nähern, in der Zeitungen ständig größere Einsparungen vornehmen und die Arbeitslosigkeit unter Journalisten Rekordwerte erreicht, macht die Journalistenzunft harte Zeiten durch. Merkt Euch die Namen aller Schreiberlinge, die auch nur entfernt mit diesem Debakel zu tun haben. In nicht ganz ferner Zukunft könnten sie durchaus in einer Firma um Arbeit betteln, die Euch oder einem Eurer Bekannten gehört, und ihre Bewerbungen könnten versehentlich ganz unten im Stapel verschwinden. Laßt die wohlverdiente steigende Arbeitslosigkeit unter den Feinden der freien Rede weiter anwachsen, laßt sie ein Rekordhoch erreichen und halten. Anstatt Euch in die Opferrolle zu fügen, wie sie es wollen, weil es einen demoralisierenden Effekt hat und die Angst verbreitet, die sie jedem Kritiker der jetzigen Ordnung einpflanzen wollen – sorgt dafür, daß Ihr Sieger werdet, und laßt die Linksradikalen selbst die Opferposition einnehmen.

8. **Vernetzt Euch.** Ihr solltet – und müßt – Euch darüber im Klaren sein, daß Ihr Freunde und Verbündete auf allen Ebenen der Gesellschaft habt. Wenn Ihr zu den wenigen Unglücklichen gehört, die wegen dieser Art von Schwachsinn ihre Arbeit verlieren, meldet Euch bei uns unter *RightOn.net*. Wir verfügen über ein beachtliches Netzwerk und werden unser Bestes tun, um Euch zu helfen. Gleiches gilt für die Arbeitgeber unter Euch, die helfen wollen.

9. **Geht an die Öffentlichkeit.** Wenn Eure Lebenssituation es ermöglicht, dann tut das exakte Gegenteil von dem, was unsere Gegner mit dieser Kampagne erreichen wollen, und fangt an, unter Euren Klarnamen zu schreiben. Erstens wird das zum Zerfall des ohnehin schon bröckelnden Stigmas unserer Gedanken beitragen, und zweitens entzieht es böswilligen Gegnern die Möglichkeit, Euch zu »enttarnen«. Nebenbei vermindert das Wissen darum, das Selbstgeschriebene öffentlich verteidigen können zu müssen, das Risiko, sich dümmlich oder vulgär auszudrücken – wer Dampf ablassen will, sollte das in privatem Rahmen tun.

10. **Zu guter Letzt: Gebt die Hoffnung nicht auf.** Man kann leicht schockiert und überwältigt reagieren, wenn man zum Ziel einer unerwarteten und unverhältnismäßigen Medienkampagne wie dieser wird, nur weil man in einem Internetkommentar Gebrauch vom verfassungsmäßig geschützten Recht auf freie Meinungsäußerung gemacht hat. Ihr solltet nicht vergessen, daß dies nur ein zeitweiliges Phänomen ist, daß die ganze Affäre bald wieder vergessen sein wird und daß das, was Ihr geschrieben habt, abgesehen von der immer mehr einer Sekte gleichenden Linken von Södermalm, der Upper West Side oder Hampstead niemandem Entsetzen verursachen wird. Unter keinen Umständen dürft Ihr Euch von diesen bösartigen, sadistischen Ex-Größen zum Schweigen bringen lassen. Kritisiert die Politik des Wahnsinns weiter – wenn möglich, doppelt so sehr wie zuvor.

Laßt sie nicht gewinnen.

Vom Umgang mit Expo, dem SPLC, Searchlight und anderen Haßgruppen

Der folgende Artikel erschien ursprünglich am 23. März 2015 bei Motpol, *nachdem die linksradikale* Expo-*Stiftung bei einer Reihe von Ver-*

anstaltungen aktiv geworden war. Expo *ist im Prinzip die schwedische Version des amerikanischen Southern Poverty Law Center (SPLC) oder der niederträchtigen Organisation Searchlight in Großbritannien; während ihrer Entstehung war sie insbesondere der letzteren eng verbunden und hat mit ihr zusammengearbeitet. Daher sind die Schlußfolgerungen dieses Artikels gleichermaßen gültig, wenn man es nun mit der einen oder der anderen dieser oder irgendeiner sonstigen linksextremen Haßgruppe zu tun hat.*

Unter den jüngsten Vorfällen, die die *Expo*-Stiftung betrafen, hat der Bericht über die Enttarnung ihrer Kollegen von der sogenannten »Research«-Gruppe als die gewaltschürenden Extremisten, die sie sind, die meiste Aufmerksamkeit erhalten; ein einzigartiges Stück des investigativen Journalismus, erschienen in *Dagens Samhälle*. Der Herausgeber von *Expo*, Robert Aschberg, hat Jahre im gleichen Gremium zugebracht wie mindestens einer der aufgeflogenen »Aktivisten« und ebenso eine Rolle bei der Einrichtung ihrer gewaltigen Datenbank gespielt. Die Verbindungen gehen natürlich noch tiefer, aber in der Hoffnung, unbequeme Fragen zu diesen Angelegenheiten vermeiden und abschmettern zu können, hat *Expo* eine Reihe unprofessioneller Kampagnen und Angriffe initiiert.

Die bei weitem aufsehenerregendste Attacke war die Veröffentlichung einer privaten Facebook-Nachricht des (damaligen) Interimsvorsitzenden der Schwedendemokraten, Mattias Karlsson, in der er die Stiftung um Hilfe bei der Identifizierung des »Personenkreises um *Motpol*« bittet. Es ist bereits viel darüber gesagt worden, aber man kann nur hoffen, daß Karlsson ehrlich ist, wenn er jetzt behauptet, den wahren Zweck von *Expo* verstanden zu haben. Wenn noch Zweifel geblieben sein sollten, kann ich ihm erklären, daß der Zweck von *Expo* die Verleumdung und Entmenschlichung von Personen ist, die die Masseneinwanderung ablehnen, und in keiner Weise – wie sie es behaupten – die Verhinderung von Extremismus und Gewalt. In jedem

Fall steht es nicht ganz oben auf der Prioritätenliste von *Expo*, dem Vorsitzenden der Schwedendemokraten Hilfestellung zu geben.

Eine weitere Gruppe, die die wahre Natur von *Expo* nicht verstanden hatte, war diejenige, die kürzlich den *Bildningsförbundet Forntid och Framtid* (grob übersetzt: Bildungsverband für Vorgeschichte und Zukunft) gegründet hat. Was diese Leute nicht verstanden haben, ist die Tatsache, daß Menschen, die in der riesigen *Expo*-Kartei persönlicher Daten über politische Gegner auftauchen, sich unter keinen denkbaren Umständen organisieren dürfen, selbst wenn eine solche Organisation keinen explizit politischen Zweck hat. Sie wurden sofort auf der *Expo*-Website mit einem Artikel an den Pranger gestellt, der unter anderem die angeblichen Verbindungen der Gründungsmitglieder zu den Schwedendemokraten und *Motpol* einzeln aufführte. Der Zusammenschluß wurde unverzüglich aufgelöst und untermauerte so das Recht von *Expo*, darüber zu entscheiden, welche Leute gemeinsam über Geschichte diskutieren dürfen und welche nicht.

Um solche Situationen zu vermeiden, sollten sich Einzelne, die von *Expo* ins Fadenkreuz genommen oder aus irgendeinem Grund von ihnen kontaktiert wurden, an die folgenden einfachen Grundsätze halten. Ich verspreche Euch: Wenn Ihr das tut, werdet Ihr es mir hinterher danken.

1. **»Kein Kommentar«.** Wenn *Expo* Dich kontaktiert, ist es besser, keinen Kommentar zu irgendetwas abzugeben. Es gibt nichts, was Du dadurch gewinnen könntest. Biete ihnen lieber eine sarkastische Bemerkung und lege auf. Darüber hinaus ist es ein weiser Grundsatz, sich niemals mit Amateurjournalisten von links abzugeben oder ihre unprofessionellen Aktivitäten durch das Beantworten irgendwelcher Fragen zu legitimieren. Für eine Alternative, wenn Du Dir selbst die nötigen verbalen Fähigkeiten und den Kampfgeist zutraust, siehe Punkt 4.

DEM STURZ DER LINKEN BEGEGNEN 41

2. **Laß Dich nicht hereinlegen.** Selbst wenn Du nicht selbst ihr aktuelles Ziel bist, sondern als Quelle angesprochen wirst: Laß Dich nicht von ihrem freundlichen, öligen Tonfall täuschen. Selbst wenn Du die Person, über die sie recherchieren, nicht magst, kann absolut nichts jemals die Zusammenarbeit mit *Expo* rechtfertigen, nur um es anderen Rechten oder überhaupt irgendjemandem »heimzuzahlen«. Im übrigen kann ein solches Verhalten zurückkommen und Dich heimsuchen, weil *Expo* nicht einen Augenblick lang zögern wird, Deine Korrespondenz zu veröffentlichen, wann immer es ihnen nützt – das wird Deine Glaubwürdigkeit schwer beschädigen. Es genügt, das oben zitierte Beispiel zu bedenken, in dem der höfliche Versuch eines Top-Schwedendemokraten, Informationen über *Motpol* zu bekommen, mitsamt arschkriecherischen Weihnachtsgrüßen und allem anderen auf der Website von *Expo* veröffentlicht wurde. Die *Expo*-Angestellten werden dafür bezahlt, Deine Unternehmungen zu zerstören, und es wäre ihnen eine Freude, Dich auch persönlich zu zerstören. Vergiß das nicht.

3. **Benimm Dich wie ein Mann.** Von halbkriminellen Linksextremisten »Rassist« oder »Rechtsextremist« genannt zu werden, ist nicht das Schlechteste, das passieren könnte. Die panischen Stellungnahmen des Vorsitzenden des zuvor erwähnten Bildungsverbands, in denen er gewisse andere ernstzunehmende und ehrenwerte Dissidentengruppen grundlos als »Irre« bezeichnete, machten seine Anprangerung viel peinlicher und schmerzhafter als nötig. Bemühe Dich nicht, irgendetwas abzustreiten. Teile ihnen knapp mit, daß Du sie wegen übler Nachrede verklagen wirst. Dann wende Dich an uns bei *Motpol*, und wir werden Dich mit einem fähigen Anwalt zusammenbringen, der in Deinem Namen prozessieren wird.

4. **Gehe in die Offensive.** Stelle sicher, daß Dein Telefon über eine Applikation zur Aufnahme von Gesprächen verfügt, und schalte sie ein, sobald klar ist, daß *Expo* anruft. Hinterfrage ihre Aktivitäten. Frage sie nach ihrer jüngsten Zusammenarbeit mit der Antifa und der »Research«-Gruppe. Frage sie nach ihrem Gründer, der seine Freundinnen verprügelt und Pyromane ist. Halte sie in der Leitung, indem Du darauf bestehst, daß Du ihre Fragen erst dann beantworten wirst, wenn sie zuvor Deine beantwortet haben. Dann lade das Telefonat bei YouTube hoch. Alle werden viel Freude daran haben.

5. **Bedenke *Expos* stetig schwindende Bedeutung.** Wir haben gerade die wahnsinnigsten Jahrzehnte in der Geschichte Schwedens durchlebt. Es war eine Periode, die durch destruktive Sozialexperimente und den unverhältnismäßigen Einfluß des Linksextremismus auf Medien und Kultur geprägt war. Der vorübergehende Status von *Expo* als »objektive Rechtsextremismusexperten« ist nur eines von vielen Symptomen. Diese tragikomische Epoche nähert sich glücklicherweise ihrem Abschluß, und ein klares Anzeichen dafür ist, daß es *Expo* immer schwerer fällt, kompetentes oder gar des Lesens mächtiges Personal zu rekrutieren. Plage Dich nicht mit dem, was *Expo* über Dich schreibt – in zehn Jahren werden *Expo* und ihr amateurhafter, verleumderischer Journalismus nichts weiter als eine peinliche geschichtliche Fußnote sein.

Kurz gesagt: Tu, was immer Du kannst, um *Expos* Erfassung und Verfolgung »politisch Unkorrekter« zu behindern. Ihr geistiger Terrorismus funktioniert nur, solange wir uns entscheiden, ihre Spiele mitzuspielen, und unseren niederen Status als »Gedankenverbrecher« akzeptieren, die sich für etwas zu schämen haben.

Es ist Zeit, genau damit aufzuhören und ihnen zu zeigen, wer sich wirklich schämen sollte.

5

Ein knapper Rat in Geschlechterfragen

Die Männer und Frauen des modernen Westens sind sicherlich nichts, worauf man stolz sein könnte. Schweden und die Schweden sind leider keine Ausnahme von dieser Leitvorstellung. Im Verlauf des 20. Jahrhunderts sind wir – die von der Geschichte dafür belohnt wurden, furchtlos und moralisch beispielhaft oder zumindest Menschen großer Errungenschaften zu sein – immer schneller zu miserabler Verfassung herabgesunken. Der Durchschnittsschwede ist feige, selbstverliebt und schüchtern-konformistisch geworden – und hat jene uralten Vorstellungen von Ehre und Würde verloren, die einst einen prominenten Platz in unserem öffentlichen Leben einnahmen. Dies gilt für Männer und Frauen gleichermaßen, auch wenn sich die Degeneration abhängig vom Geschlecht unterschiedlich äußert.

Ehe ich fortfahre, sollte ich betonen, daß es offensichtliche Ausnahmen gibt. Auch habe ich vollstes Verständnis für den Umstand, daß es in dieser modernen, liberalen Gesellschaft außerordentlich schwierig ist, ehrenhaft zu leben; in einer Kultur, die ihr Möglichstes tut, jede Form traditioneller Ehre, Tugendhaftigkeit und Anständigkeit zu behindern und zu bekämpfen. Wie bei so vielem, das auf der radikalen Rechten geschrieben wird, so geht es auch hier um Grundregeln des praktischen Handelns, und es gibt keinen Anlaß, beleidigt zu sein, wenn Du Dich an einem bestimmten Punkt entschieden haben solltest, die Dinge anders anzugehen.

Wenn Du dieses Buch liest, ist es sehr wahrscheinlich, daß es sich bei Dir um eine Ausnahme handelt – oder zumindest um eine Person, die vorhat, sich zu bessern. Du bist einer derjenigen, die die Vorhut der Kämpfernaturen bilden oder bilden werden, die dem Marsch zur Normalisierung der europäischen Gesellschaften und der Wiederherstellung traditioneller Ordnung den Weg weisen werden. Ich habe, ausgehend von dieser Annahme, einige praktische Vorschläge anzubieten.

Weil ich – genau wie Du – den linken Mythos von absoluter Gleichheit und Gleichartigkeit der Geschlechter vor langer Zeit durchschaut habe, werden diese Ratschläge für Männer und Frauen leicht unterschiedlich sein. Das hat den einfachen Grund, daß wir verschieden sind; diese Unterschiede sind fundamental, tiefverwurzelt und allumfassend, nicht nur oberflächlich, wie die Linken und Liberalen uns schon so lange glauben machen wollen.

Die Gegenwartskultur gibt ihr Bestes, um traditionelle Ideale zu untergraben, und begünstigt genau jene abstoßenden Verhaltensmuster, die unser Volk auf die beschämende, würdelose Ebene hinabgedrückt haben, auf der es sich heute wiederfindet. Und sofern Du keine traditionalistisch gesinnten Eltern mit großem Weitblick hattest, ist es sehr wahrscheinlich, daß Du niemals gewisse grundsätzliche Fakten gelernt hast, zu denen andere Menschen sozusagen auf natürlichem Wege kommen – wodurch Du einen Wettbewerbsnachteil im immer angespannteren Klima der multikulturellen Gesellschaft hast, in dem die Konkurrenz zwischen verschiedenen ethnischen Gruppen bislang von fortgesetzten Niederlagen und Rückzügen der Schweden und Europäer gekennzeichnet war.

Für Männer

Schweden und Europa sehen sich heute einer Reihe ernster Probleme gegenüber. Es braucht echte Männer, um Lösungen für diese Probleme zu finden. Unglücklicherweise ist eines unserer größten derzeitigen Probleme der Mangel an genau diesen Männern. Die Dekonstruktion des europäischen Mannes war ein wichtiges Element im linken Zerstörungsprojekt – und sogar eine Voraussetzung dafür. Die Methoden waren zu zahlreich, um sie in einem kurzen Kapitel eines knappen Buchs zusammenzufassen, aber zu den wichtigsten gehörten die Verringerung der gesellschaftlichen Rolle des Militärs (im Falle Schwedens die Abschaffung der allgemeinen Wehrpflicht, wodurch junge Schweden eines essentiellen Teils des Erwachsenwerdens beraubt wurden), »Gleichberechtigung«, um Frauen in sämtliche Positionen hineinzuzerren, die sie ausfüllen können (oder auch nicht), sowie die Ausmerzung starker, traditioneller männlicher Identifikationsfiguren aus der modernen Popkultur. Die neueste Erfindung ist die lächerliche Pseudowissenschaft der »Gender Studies«, deren einziger und ausdrücklicher Zweck es ist, Geschlechterrollen zu dekonstruieren. Es läuft alles auf einen vollumfänglichen Angriff auf sämtliche Formen traditioneller Geschlechterrollen hinaus, um unter dem Deckmantel von »Gerechtigkeit« und »Gleichheit« ein verkümmertes menschliches Wesen zu schaffen, das für sein Wertesystem auf kastrierte Akademiker angewiesen ist.

Das Ergebnis all dessen sind verwirrte Geschlechteridentitäten; eine Gesellschaft, in der junge Männer in Sachen Bildung immer schlechter abschneiden, unter vollkommen irrationalen Unsicherheiten leiden und sogar einen verminderten Testosteronspiegel aufweisen – weit niedriger, als seit Beginn der Messungen normal gewesen ist.

Schweden und Europa sind in Dämmerlicht eingehüllt – eine zutiefst düstere Situation, für deren Lösung es echte Männer braucht, Männer, die bereit sind, ihre traditionelle Rolle als Verteidiger von

Familie, Volk und Zivilisation anzunehmen. Es ist Deine Aufgabe, ein solcher Mann zu werden.

Im folgenden konkrete Ratschläge für die ersten Schritte, mit denen Du Dich in die Art von Mann verwandelst, die Europa braucht und verdient:

1. **Schätze Deine körperliche Verfassung und Fähigkeit zur Selbstverteidigung ab.** Wenn Du es nicht bereits tust, beginne zu trainieren – und ich rede nicht von Golf, Badminton oder afrikanischen Tänzen, sondern von richtigem Gewichtheben. Fange darüber hinaus mit irgendeinem Kampfsport an, vorzugsweise MMA, Kickboxen, oder was auch immer sonst Deiner Neigung entspricht, solange es angemessenes Sparring beinhaltet. Auf diese Weise wirst Du Dich an den Gedanken gewöhnen, Dich gegen Gewalt zu verteidigen und sie selbst anderen zuzufügen. Wenn Du Dich jemals in einer Lage befinden solltest, in der Du gezwungen bist, diese Kenntnisse anzuwenden – was Dir leicht passieren kann, wenn Du in der verfallenden Zivilisation leben solltest, die einmal als der Westen bekannt war –, kann das durchaus den Unterschied zwischen Leben und Tod für Dich, Deine Freunde und Familie und vielleicht sogar Deine Gemeinwesen bedeuten. Es ist Deine Pflicht als Mann, Dich in Form zu halten und in der Lage zu sein, Deine Familie und Gemeinschaft zu verteidigen.

2. **Befreie Dich selbst vom falschen Weltbild der Linken.** Sieh es gar nicht erst als etwas anderes als eine Hervorbringung Wahnsinniger, die Dir schaden wollen. Und bezeichne Dich nicht, unter keinen Umständen, selbst als »Männerrechtler«. Das signalisiert Schwäche und entbehrt jeglicher logischen Grundlage. Derartige »Rechte« sind nichts als Mythen und rangieren neben den anderen linken Ideologietrümmern. Nochmals: Wenn Du keine besondere Vorliebe dafür hast, Schwachsinn zu dekonstruieren,

oder irgendein perverses Interesse an dumpfen politischen Ideologien, verschwende Deine Zeit nicht damit, über die Ideen der Linken nachzudenken.

3. **Erlerne grundlegende weltmännische Tugenden.** Dies ist für diejenigen von uns, die im dekadenten, postmodernen Westen leben, aus zwei Gründen besonders wichtig: Erstens, weil diese Tugenden es wert sind, erhalten und an kommende Generationen weitergegeben zu werden; zweitens, weil das Verinnerlichen dieser Tugenden Dir einen großen Wettbewerbsvorteil gegenüber anderen modernen Männern verschaffen wird – so verdorben und weibisch, wie die sind.

4. **Entwickle eine gesunde Haltung gegenüber Frauen unseres politischen Lagers.** Mache Dir klar, daß sie allgemein das »schwache Geschlecht« darstellen, daß sie Schutz brauchen, und daß sie in dem Kampf, der Europa bevorsteht, nicht die gleichen Zuständigkeiten wie Du haben. Europäische und insbesondere schwedische Männer sind unglücklicherweise Produkte unserer verdorbenen modernen Kultur und der linken Indoktrination, der wir in unserer Erziehung unterworfen worden sind – konservative Nationalisten bilden da keine Ausnahme. Daraus folgt, daß wir oft den Fehler machen, Frauen als absolut gleich anzusehen, mit denselben Kompetenzen und Fähigkeiten wie Männer. Davon ausgehend, sind viele angesichts des niedrigen Anteils an Frauen in unseren Kreisen bestürzt und halten ihn für ein Problem, das sich lösen ließe, wenn wir nur »unsere Botschaft anpassen«, »ein weniger hartes Bild vermitteln« oder ähnliches würden; daraufhin würden uns die Frauen umschwärmen und letzten Endes die Hälfte unserer Gesamtzahl ausmachen. Das sind natürlich irrige Schlußfolgerungen, basierend auf wahnsinnigen Voraussetzungen, und je schneller Du Dich von diesen Trugbildern verabschie-

dest, desto besser. Frauen sind in politischen Belangen immer unterrepräsentiert gewesen; der Feminismus bildet die einzige Ausnahme. Diese Ausnahme bestätigt nicht nur die Regel, sondern beweist auch, daß die Regel wahrscheinlich sowohl natürlich als auch erstrebenswert ist. Angesichts des Charakters der politischen Welt und insbesondere ihrer rechten Elemente ist es eine unausweichliche Tatsache, daß Frauen unterrepräsentiert sind und immer sein werden. Aus diesem Grund werden die wenigen Frauen, die sich nicht nur unserer Sache verschreiben, sondern auch noch als kompetent erweisen, bisweilen zu Objekten übertriebener Wertschätzung und Aufmerksamkeit und auf ein Podest gestellt. Das ist ein Fehler, der vermieden werden muß, weil es ebenso unwürdig wie unpraktisch ist und weder den beteiligten Männern noch den beteiligten Frauen nützt.

5. **Beziehungen.** Da die sogenannte »Manosphere« bereits vor Artikeln zu diesem Thema überquillt, werde ich mich kurzfassen und nur drei Ratschläge vorbringen, die Dein Leben weitaus angenehmer und einfacher machen werden – falls Du Dich entscheiden solltest, sie anzuwenden.

5.1. **Mache es niemals zu Deinem Hauptziel, eine Frau zu finden,** denn es wird all Deine Zeit und Aufmerksamkeit beanspruchen. Der Zugang zu angemessener weiblicher Gesellschaft ist vielmehr eine Prämie und ein Nebeneffekt des Erfolgs in anderen Lebensbereichen. Kurz gesagt: Konzentriere Dich darauf, ein besserer Mann zu werden – im Hinblick darauf, wie Deine Ausbildung, Karriere und sonstige Leistungen Europa am besten dienen –, und Frauen werden aus eigenem Antrieb in Dein Leben treten. Wenn Du die richtige Frau gefunden hast, stelle sicher, eine Familie zu gründen – vorzugsweise so früh im Leben wie möglich. Wenn Du Dich schließlich auf dem Sterbebett wiederfindest, werden Deine Söhne und Töchter Dein Erbe in sich tragen. Je mehr Träger Europa hat, desto besser.

5.2. **Sieh Deinen männlichen Freundeskreis als *Männerbund*,** in dem gewisse Ehrgesetze gelten. Ein wichtiges davon ist, Rivalität um die gleiche Frau zu vermeiden und sich genauso von den Töchtern und Exfreundinnen der Freunde fernzuhalten. Derartige Dinge sind ständige Quellen der Zwietracht in Männerkreisen, und auf lange Sicht sind sie es nie wert.

5.3. **Verfalle nicht dem Mythos der Gleichheit.** Das kann nicht genug betont werden. Männer und Frauen sind grundlegend verschieden und haben unterschiedliche Rollen, sowohl in der Gesellschaft als auch in einer Beziehung. Du als Mann hast die Familie zu führen. Gib niemals auch nur ein Stück dieser Führungsrolle auf – das ist würdelos, kontraproduktiv und wird katastrophale Auswirkungen auf Euer beider Leben und Eure intime Verbindung haben.

Für Frauen

Wenn Du als Frau dies liest, bist Du wirklich Teil einer kleinen, exklusiven Gruppe, und ich möchte meine tiefste Wertschätzung für Dein Interesse und Deine Hingabe zum Ausdruck bringen. Du gehörst dann auch zu derjenigen Hälfte der Bevölkerung, die der bösartigen und abstrusen kulturmarxistischen Propaganda am gründlichsten unterworfen worden ist. Sie hat Dich unter anderem davon überzeugt, daß die Männerrolle das Maß aller Dinge ist, und damit etwas, wonach Du streben solltest. Sie hat Dir den Gedanken eingepflanzt, daß Du

Ausbildung und Karriere jederzeit der Familie vorziehen solltest und daß »sexuelle Befreiung« (im Sinne einer Imitation der schlimmsten Aspekte männlicher Sexualität und der Jagd nach möglichst vielen Geschlechtspartnern) etwas sei, das Dich befreit – statt etwas, das Dir schadet, worauf die überwältigende empirische Beweislage hindeutet.

Du bist auch Hauptziel der Propaganda, die Gefühle (insbesondere Mitleid) mißbraucht und ausnutzt, um »Multikulturalismus«, »Weiße Schuld« und »Gleichheit« zu fördern – was zu dem traurigen Umstand geführt hat, daß schwedische und allgemein europäische Frauen viel weiter nach links neigen als die Männer in diesen Ländern. Frauen haben integralen Anteil an der Aufrechterhaltung der politisch korrekten Ordnung, weil sie im täglichen Leben viel öfter als Männer die Rolle der Gedankenpolizei spielen und ihr Möglichstes tun, um Menschen in ihrer Umgebung zu behindern und zu bestrafen, die von der politisch korrekten, kulturmarxistischen Norm abzuweichen wagen.

Wenn Du das hier liest, hast Du das politisch korrekte Lügenwerk wahrscheinlich bereits durchschaut, und vielleicht bist Du Dir auch über die oben geschilderten Sachverhalte im Klaren. Nichtsdestoweniger solltest Du diesem einfachen Rat folgen, um Deine Bemühungen um die Normalisierung Europas so ertragreich wie möglich zu machen:

1. **Bringe Deine Prioritäten in Ordnung.** In Deinen späten Jahren wird eine erfolgreiche Karriere nichts sein, verglichen mit einer großen Familie mit Enkelkindern und allem anderen, was das mit sich bringt. Das ist auch die beste und natürlichste Methode, Dein Auskommen im Alter sicherzustellen – in wenigen Jahrzehnten werden Deine Kinder und Enkel viel eher geneigt sein, sich um Dich zu kümmern, als die rapide zerfallenden europäischen Sozialstaaten. Außerdem ist es ein viel lohnenderes Lebensziel, Deine Gene weiterzugeben, als für irgendein multinationales Unternehmen zu schuften, das Dich in dem Augenblick Deines

Ruhestands vergessen wird. Außerdem müssen die abstürzenden Geburtenzahlen in Europa umgekehrt werden. Sorge dafür, daß Du mindestens drei Kinder hast, und erziehe sie gut. Was das anbelangt, liegt die Zukunft Europas allein in Deinen Händen.

2. **Erkenne den Wert Deiner persönlichen Ehre.** Vergiß alles, was Dich die heutige Gesellschaft und die Linken bezüglich der »Sexuellen Revolution« glauben machen wollten. Wenn Du Glück hast, hattest Du gute Eltern, die Dich anständig erzogen und Dir die grundlegenden Wahrheiten beigebracht haben, etwa daß Sex mit einem Mann, dem Du gerade zum ersten Mal begegnet bist, Deinen langfristigen Interessen nicht dienlich ist. Stattdessen ist es Zurückhaltung von weiblicher Seite, die den Prozeß des »sich Verliebens« ermöglicht und bessere Voraussetzungen für langanhaltende, gesunde Beziehungen schafft. Selbst wenn Männer versuchen, Dich schon beim ersten Treffen ins Bett zu kriegen, solltest Du das als eine Prüfung verstehen – eine Prüfung, in der Du kläglich versagen wirst, wenn Du nachgibst. Die meisten Männer werden viel mehr Respekt vor Dir haben, wenn Du Dich verweigerst, und es macht absolut keinen Unterschied, was auch immer sie Dir oder sich selbst darüber zu erzählen versuchen.

3. **Pflege Deine Weiblichkeit.** Mache Dir klar, daß Deine weiblichen Eigenschaften Dein größter Aktivposten sind. Pflege und entfalte sie. Sie sind auch Deine Hauptwaffe im ziemlich brutalen Konkurrenzkampf, der natürliche Selektion ausmacht, und Deine größte Stärke um Umgang mit Männern. Laß Dir nicht weismachen, daß die Übernahme männlicher Verhaltensmuster zu Deinem Vorteil sei. Je früher im Leben Du dies einsiehst, desto erfolgreicher und glücklicher wirst Du sein. Du kannst jederzeit Deinen Intellekt weiterbilden und Fähigkeiten erwerben, aber männliche Verhaltensmuster nachzuäffen und mit Männern zu rivalisieren

ist schon für Männer selbst schwer genug. Du hast dabei nichts zu gewinnen.

Zusammenfassung

Sei immer bemüht, im Rahmen Deiner naturgegebenen Geschlechterrolle Dich selbst und damit Deine Wertigkeit in Gesellschaft und Gemeinschaft zu verbessern. Du magst vielleicht in einem verworfenen, würdelosen Zeitalter leben, und ein gewisses Maß an Anpassung mag notwendig sein, aber es sind Du und Menschen wie Du, die die Avantgarde einer Läuterung der europäischen Gesellschaften und der Wiederherstellung unserer althergebrachten, traditionellen Ideale sein werden. Diese Ideale haben einst die große europäische Zivilisation begründet, und sie werden sie neu begründen, wenn dieses dunkle Zeitalter vorüber ist.

6

Metapolitisches Wörterbuch

0–9

1914, Ideen von

Der Ausdruck »die Ideen von 1914« bezeichnet die deutsche Reaktion auf die Ideen von 1789: Freiheit, Gleichheit und Brüderlichkeit. Er wurde von dem Soziologen Johann Plenge in dessen Buch *Der Krieg und die Volkswirtschaft*[3] geprägt. In einer späteren Vorlesung bezeichnete er die Ideale, für die Deutschland aus seiner Sicht im Ersten Weltkrieg kämpfte, ausdrücklich als den revolutionären Idealen von 1789 entgegengesetzt. In Schweden wurde diese Bezeichnung schnell von Rudolf Kjellén, politischer Wissenschaftler und Begründer der geopolitischen Denkschule, aufgegriffen, der postulierte, daß die Ideen von 1914 – im Gegensatz zu denen von 1789 – Ordnung, Gerechtigkeit und nationale Solidarität seien.

---

3 *Der Krieg und die Volkswirtschaft*, 2. Aufl., Münster: Borgmeyer, 1915.

A

Amerikanismus

Amerikanismus/Amerikanisierung bezeichnet die Etablierung der kulturellen, wirtschaftlichen und politischen Interessen Amerikas in anderen Nationalstaaten und Kulturen, zuungunsten der dortigen Interessenlagen und angestammten Traditionen. Die Tatsache, daß die Vereinigten Staaten nach dem Zweiten Weltkrieg beinahe überall als kultureller Nabel der Welt anerkannt wurden, hat dafür gesorgt, daß die amerikanische Kultur von allein wuchert. Aber kulturelle – ebenso wie politische und wirtschaftliche – Amerikanisierung ereignet sich ebenso durch Amerikas sehr bewußte Erweiterung des eigenen Einflusses auf Länder und Regionen auf der ganzen Welt – mit weichen oder harten Methoden. Somit bezeichnet dieser Begriff die amerikanische Form eines globalen Kulturimperialismus.

Die Amerikanisierung wurde im Nachkriegseuropa am lautesten gefordert, in dem vor nicht allzulanger Zeit die liberaldemokratischen Alliierten und die kommunistische Sowjetunion triumphiert und Europa unter sich aufgeteilt hatten. Nachdem die Sowjetunion zusammengebrochen war, verloren die USA keine Zeit, ihre politischen und kulturellen Ranken auch nach Osteuropa hinein auszubreiten. Aus diesem Grund ist der amerikanische Einfluß auf europäische Politik, Wirtschaft und Kultur in den meisten Bereichen sehr weitgehend gewesen.

Antiliberalismus

Antiliberalismus ist ein Grundbestandteil der Tradition der europäischen Neuen Rechten, die dem für den Liberalismus charakteristischen globalistischen, egalitären und individualistischen Weltbild entgegensteht. Während Liberalismus jede Form von Tradition ebenso wie ethnische und kulturelle Identität verwirft, sie bestenfalls zu austauschbaren Mengen innerhalb eines nur von Wirtschaft und Bürokratie getragenen Systems herabwürdigt, sind ebendiese Werte das Fundament der politischen Positionen und Theorien der Neuen Rechten. Die Liberalismuskritik der Neuen Rechten richtet sich nicht in erster Linie gegen den »Freien Markt« als solchen oder gesunde Ausdrücke von Individualität, sondern gegen die spezifisch ideologische und praktische Form des Liberalismus, die aus gutem Grund als schädlich angesehen werden kann.

Antirassismus, differentieller

Differentieller Antirassismus ist die Antwort der Neuen Rechten und insbesondere GRECEs auf den als mangelnden Respekt vor Unterschieden betrachteten Charakterzug des universellen Antirassismus. Der Schöpfer des Begriffs ist der Gründer und Vordenker von GRECE, Alain de Benoist. Benoist schlägt einen differentiellen Antirassismus vor, der rassische Hierarchien ablehnt und die Unterschiede zwischen verschiedenen Völkern anerkennt. Er weist alle Versuche zurück, Werturteile wie »besser« oder »schlechter« auf Rassen anzuwenden.

Antirassismus, universaler

Universaler Antirassismus ist eine Philosophie oder Einstellung, die alle menschlichen Rassen und Volksgruppen grundsätzlich als dasselbe ansieht, ohne jegliche unterschiedlichen Merkmale. Universaler Antirassismus leugnet die wissenschaftlich erwiesenen angeborenen Unterschiede, die den ethnischen Pluralismus der Welt herausgebildet haben, und zielt deshalb auf die Bekämpfung von Ansichten und politischen Modellen ab, die diesen Pluralismus betonen. In der Praxis ist dieser Kampf in erster Linie gegen Menschen europäischer Herkunft gerichtet, auch wenn man (hauptsächlich außerhalb Europas und der Vereinigten Staaten) bereits Fälle sehen konnte, in denen eine ethnische Gruppe eine andere für das Verfolgen ihrer eigenen Volksinteressen verurteilt hat, etwa im Krieg ethnischer Araber gegen die

Völker der Fur, Zaghawa und Masalit in der sudanesischen Region Darfur. Die Faustregel lautet, daß der universelle Antirassismus die ethnische Selbstbehauptung von Minderheiten unterstützt, solange die fragliche Minderheit nicht europäischer Herkunft ist. Dies wird mithilfe größtenteils erfundener, herbeigeredeter Konzepte wie des »weißen Privilegs« gerechtfertigt. Der Begriff »Antirassismus« wird in der Regel synonym für universellen Antirassismus verwendet, reicht aber bis hin zum differentiellen Antirassismus.

Archäofuturismus

Archäofuturismus ist der Name, den Guillaume Faye für sein Konzept der Kombination überkommener und traditioneller Arten des Weltbezugs mit hochmoderner und futuristischer Technologie gewählt hat. Faye umreißt seinen Archäofuturismus auf Grundlage eines philosophischen Ansatzes, den er »Vitalistischen Konstruktivismus« nennt und der stark von den Gedanken Nietzsches und gewisser Postmodernisten zehrt. Er beschreibt den Vitalistischen Konstruktivismus als antiegalitär; dieser stehe für »Realismus, eine organische und nicht mechanistische Geisteshaltung, Respekt vor dem Leben, Selbstdisziplin auf Grundlage autonomer Ethik, Menschlichkeit (das Gegenteil von ›Humanismus‹) und die Auseinandersetzung mit bioanthropologischen Problemen, die ethnischer Gruppen eingeschlossen«, ebenso wie »geschichtlichen und politischen Willen zur Macht, ein ästhetisches Vorhaben des Zivilisationsbaus und den faustischen Geist«.[4] Archäofuturismus ist also die Anwendung des Vitalistischen Konstruktivismus auf die gesellschaftliche und politische Realität.

Fayes Glaube an die Unvermeidlichkeit und Notwendigkeit einer Umsetzung des Archäofuturismus basiert auf dem, was er »Zusammenlaufen der Katastrophen« nennt.

---

4 Guillaume Faye: *Archeofuturism – European Visions of the Post-Catastrophic Age.* Arktos: London, 2010, S. 58.

Aristokratie

Aristokratie ist ein Begriff, der sich vom griechischen *aristos*, »Bester« (eigentlich »Edelster«), und *kratein*, »herrschen«, herleitet. Er bedeutet also »Herrschaft der Besten«. In der Geschichte Europas stand Aristokratie üblicherweise synonym für Adel und Monarchie. Gemäß der mittelalterlichen aristokratischen Gesellschaftsvorstellung war eine bestimmte soziale Klasse in ein privilegiertes Dasein mit der Pflicht, die Gesellschaft zu führen, hineingeboren. Ihre Legitimität wurde teilweise von Kirche und Christentum abgeleitet und war – und ist, wo sie noch existiert – in der Regel erblich.

Als neue soziale Klassen auftraten, wurden die Grundlagen der aristokratischen Macht untergraben. Die Französische Revolution von 1789 bereitete dem französischen Adel ein Ende. In anderen Teilen Europas, etwa Schweden, wurde die Aristokratie im Laufe des 19. Jahrhunderts unter weniger gewaltsamen Umständen aufgelöst, während die russische Nobilität während der Russischen Revolution von 1917 von den Bolschewiken ausgerottet wurde.

In der Praxis bilden alle Gesellschaftssysteme ihre eigenen Formen von Eliten aus, deren Zugehörigkeitskriterien denen des traditionell aristokratischen Ideals vergleichbar – oft sogar unterlegen – sind.

Assimilation

Assimilation bezieht sich auf die Art, in der sich ein Individuum oder eine ethnische Gruppe vollständig in einer anderen verliert, in der Regel der Mehrheitsbevölkerung eines bestimmten Landes. Rechtspopulistische Parteien haben oft die Assimilation von Immigranten anstelle ihrer Integration oder des Multikulturalismus gefordert. In diesem Zusammenhang bedeutet Assimilation, daß Menschen ihre vorhandene Kultur oder ethnische Identität aufgeben und eine neue annehmen sollen.

Im öffentlichen Diskurs werden Assimilation oder Integration noch immer als Alternativen zum Multikulturalismus (hier im Sinne der Ansicht, daß verschiedene Volks- und Kulturgruppen in demselben Territorium und Staat leben können und sollten, ohne daß eine die anderen beherrscht, und daß sie eine Verschmelzung aus den angestammten Kulturen aller Einzelgruppen als gemeinsame Kultur annehmen sollten) vorgebracht. Die Entwicklungen des frühen 21. Jahrhunderts haben den Gedanken der Assimilation weitgehend bedeutungslos werden lassen, da kulturelle und ethnische Assimilation durch die Masseneinwanderung unmöglich gemacht worden sind, sofern nicht ungebührliche Zwangsmaßnahmen ergriffen werden.

B

Biokultur

Biokultur ist das Zusammenspiel von Kultur und Biologie. Der Mensch ist ein kulturelles und biologisches Wesen in dem Sinne, daß er neben seinem biologischen Erbe eine »zweite Natur« in Form der Kultur entwickelt hat.

Während sich biologische Bedingungen meist nur langsam entwickeln und daher relativ konstant bleiben, äußert sich Kultur durch die Zeit in einer viel wandelbareren Weise. Aber selbst Kultur hat ihre Konstanten, die zusammengenommen eine angemessene Identität unter den Teilnehmern an ihr erzeugen und gegebenenfalls auffrischen. Diese Biokultur ist zentral für das Identitätskonzept der Neuen Rechten.

Die Geschichte der gemeinsamen europäischen Biokultur reicht mindestens 40 000 Jahre in der Zeit zurück. Trotz ihrer kulturellen Variationen in diesem Zeitraum konstituiert diese Biokultur den gemeinsamen Nenner, der die Völker Europas in einer einzigen primären Gruppe vereint und der Rede von sowie der Suche nach einer spezifischen, völkerübergreifenden Identität Bedeutung verleiht.

Biopolitik

Der Begriff Biopolitik wurde von Michel Foucault geprägt. Foucault beschrieb Biopolitik als Kunst der Machtausübung durch die Regulierung der menschlichen Biologie – Macht über Körper, Leben und Tod. Biopolitik funktioniert auf einer Mikro- und einer Makroebene, indem sie die Lebensbedingungen einer Bevölkerung verwaltet. Nach der foucaultschen Definition ist Biopolitik die Politisierung des Lebens an sich.

Als soziales und politisches Phänomen hat Biopolitik eine lange Geschichte und kann als anerkannte Praxis der Machtausübung moderner Nationalstaaten betrachtet werden. Sie ist dann eine Frage der Kontrolle über die physischen Umstände des Lebens der Staatsbürger, etwa körperliche und geistige Gesundheit. Ein einfaches Beispiel für Biopolitik sind die verschiedenen Formen des staatlichen Gesundheitswesens.

E

Egalitarismus, Antiegalitarismus

Egalitarismus ist die Ansicht, daß Menschen in jeder Hinsicht gleichwertig seien und die gleichen Chancen, Möglichkeiten und Mittel zur Verfügung hätten oder haben sollten. Die radikalste Ausdrucksform des Egalitarismus ist der Kommunismus.

Demgegenüber akzeptiert der Antiegalitarismus die natürlichen Unterschiede und ihre Bedeutsamkeit für die Gestaltung der Gesellschaft. Mechanistische, quantitative Maßstäbe können nicht an alle Individuen angelegt werden, weil jeder Einzelne anhand seiner persönlichen Fähigkeiten und Neigungen beurteilt werden muß. Diese Unterschiede sollten genutzt werden, um die Verteilung von Aufgaben und Funktionen sowohl in konkreten Zusammenhängen als auch in der Gesellschaft an sich zu bestimmen.

Dem Antiegalitarismus zufolge ist diese Aufteilung ein feststehendes Gut, und Unterscheidungsmerkmale werden nicht zwangsläufig nach »gut« oder »schlecht« kategorisiert. Stattdessen werden sie als zusammenwirkende, einander ergänzende Teile angesehen, die zusammen eine einzigartige organische, soziale und kulturelle Einheit ergeben, die die Grundlage der Gemeinschaft bildet. Diese Argumentationslinie ist den Idealen der Neuen Rechten von organischem Humanismus und organischer Demokratie ebenso verbunden wie dem Recht auf Differenz.

Ethnie

Eine ethnische Gruppe ist eine Ansammlung von menschlichen Wesen, die sich auf Grund gemeinsamer ererbter, sozialer, kultureller, sprachlicher und volklicher Erlebnisse fundamental miteinander identifizieren. Die Zugehörigkeit zu einer ethnischen Gruppe wird durch die Teilhabe an Gemeinsamkeiten wie kulturellem Erbe, Abstammung, Gründungsmythen, Geschichte, Heimatland, Sprache und/oder Dialekt, Religion, Aussehen, Erbgut, Mythologie und Ritus, Speisen, Kleidung, Kunst und vielen weiteren Faktoren bestimmt. Die genaue Gewichtung und Kombination dieser vielfältigen Bestandteile trägt zur Herausbildung eines Volkstums bei, das die Unterschiede zu anderen ethnischen Gruppen abbildet.

ethnisches Bewußtsein

Ethnisches Bewußtsein ist der Oberbegriff sowohl für eine politische Ausrichtung, in der Volkstum und Zusammengehörigkeit eine wichtige Rolle spielen, als auch für die Zunahme volklicher Geisteshaltung innerhalb einer bestimmten Gruppe.

Wenn mehrere ethnische Gruppen radikal unterschiedlichen Ursprungs innerhalb eines gegebenen geographischen oder politischen

Territoriums interagieren, führt dies oft zu sozialen Spannungen zwischen ihnen. Einer der Gründe dafür ist die Zunahme des ethnischen Bewußtseins innerhalb der Mehrheitsbevölkerung auf Grund der Präsenz anderer Volksgruppen, die wiederum in Reaktion darauf zur Betonung und Festigung ihrer kulturellen und ethnischen Kennzeichen tendieren. Diese Dynamik kann als glaubhafte Erklärung für viele der Probleme im Zusammenhang mit Multikulturalismus und Masseneinwanderung gelten. Minderheiten neigen zu engerem Zusammenrücken und der Verstärkung ihrer ethnischen Besonderheiten, während die Mehrheitskultur auf die Neuankömmlinge mit Feindseligkeit reagiert.

Ethnokratie

Die Ethnokratie ist eine Gesellschaftsform, in der der überwiegende Teil der Macht im Staat oder Territorium bei einer konkreten ethnischen Gruppe liegt. Dabei kann es sich um die angestammte Bevölkerung oder, in einigen Fällen, eingewanderte Minderheiten handeln. Beispiele für Staaten, die als Ethnokratien bezeichnet werden können, sind das Südafrika der Apartheid-Ära, Israel, Estland und Lettland.

Ethnomasochismus

Ein Ethnomasochist sein bedeutet, die eigene ethnische Identität mit Scham, Mißtrauen und/oder Verachtung zu behandeln. In seiner gegenwärtigen europäischen Form betrachtet der Ethnomasochismus Volkstum aus einem manichäischen, dualistischen Blickwinkel, wonach die Menschheit in »weiße« und »farbige« Völker aufgeteilt ist und die ersteren den letzteren moralisch verpflichtet sind. Eine gegensätzliche oder auch nur differenzierte Sicht auf Machtverhältnisse und Schuld ist von der geschichtlichen und gesellschaftlichen Warte aus, die weiße Ethnomasochisten einnehmen, völlig undenkbar. Ethnomasochismus entsteht und äußert sich auf kollektiver wie individueller Ebene, formell wie informell, und ebenso als emotionaler Zustand wie als ideologisch fundierte Argumentationslinie. Ein gleichbedeutender US-amerikanischer Begriff ist »white guilt«.

Ethnomasochismus wird vor allem in Ländern gepflegt, die von den Ideen der Kritischen Theorie und somit des Kulturmarxismus beeinflußt worden sind. Sämtliche Unzulänglichkeiten ethnischer Randgruppen werden gewohnheitsmäßig den europäischen Völkern zur Last gelegt. Durch massiven Propagandaaufwand – vor allem in den Medien, aber auch durch verschiedene ethnische und politische Lobbygruppen – werden die europäischen Völker darauf konditioniert, Verantwortung für Probleme zu übernehmen, die angeblich durch Karikaturen von Ereignissen aus ihrer Geschichte verursacht wurden und in Wahrheit oft das Resultat zeitgenössischen Versagens der Nichteuropäer und jener, die sich für sie einsetzen, sind.

Ethnozentrismus

Der Begriff Ethnozentrismus beschreibt den Blick einer ethnischen Gruppe oder eines Angehörigen einer solchen auf die übrige Welt vom Standpunkt der eigenen Sichtweisen und Interessen. Er wurde von dem US-amerikanischen Soziologen William Graham Sumner (1840–1910) geprägt.

Sumners ursprüngliche Definition des Ethnozentrismus war die Ansicht, daß die Zugehörigkeit des Einzelnen zu seiner eigenen Gruppe den Mittelpunkt konstituiere, von dem aus er den Rest der Welt beurteile. Die Geschichte, Kultur, Normen, Gebräuche und Sprache der Gruppe seien die Richtwerte hinsichtlich anderer Gruppen.

Ethnozentrismus ist und war immer die grundlegende Ausrichtung aller Völker und Kulturen durch die Geschichte hindurch. In der Geschichte des alten Ägypten, Indiens, der arabischen Welt, der Japaner, der Juden, der Chinesen, der mittelamerikanischen Indianer und aller anderen ethnischen Gruppen und Kulturen, von denen wir wissen, wimmelt es nur so von Beispielen.

Der Ethnozentrismus wird gelegentlich zum Kulturrelativismus – der Ansicht, daß jede Kultur und Person aus ihrem eigenen inneren Zusammenhang heraus verstanden und beurteilt werden sollte – in Gegensatz gesetzt. Beide Sichtweisen sind dafür kritisiert worden, einem generellen Werterelativismus zuzuneigen und die Verteidigung etwa universeller Menschenrechte zu erschweren. Die Neue Linke und Theoretiker des Postkolonialismus tendieren dazu, für Ethnozentrismus zugunsten »untergeordneter« Gruppen, aber auslöschenden Universalismus für alle anderen – und insbesondere für Europäer – einzutreten.

Eugenik

Eugenik ist eine angewandte Naturwissenschaft, oft begleitet von einer gesellschaftlichen Bewegung, die auf die Verbesserung der Erbeigenschaften einer spezifischen Gruppe abzielt. In der Regel wird sie in Verbindung mit menschlichen Zusammenschlüssen verfochten.

Der Begriff wurde vom griechischen *eugenes* (»wohlgeboren«; *eu* = »gut«; *genos* = »Geschlecht«) hergeleitet.

Eugenik ist als eng verbunden mit Rassenlehren angesehen worden. In Schweden wie in anderen Ländern wurden während des 20. Jahrhunderts die Begriffe »Rassenhygiene« und »rassische Aufwertung« synonym mit »Eugenik« gebraucht. Eugenik ist gleichwohl nicht notwendigerweise auf spezifische ethnische Gruppen oder Rassen beschränkt, sondern könnte theoretisch auch auf die gesamte menschliche Spezies oder völlig konstruierte Gruppierungen wie etwa sämtliche Einwohner eines bestimmten Bereichs – ungeachtet ihrer genetischen Nähe – angewandt werden. Eugenik ist ebenso (auf eher wackligen Füßen) mit Sozialdarwinismus verbunden worden.

Eugenische Politik kann von kontrollierter Fortpflanzung (im Hinblick auf Pflanzen oder Tiere als »Zucht« bezeichnet) bis hin zu »sanfteren« Verfahrensweisen wie einfachen Informationskampagnen oder wirtschaftlichen Anreizen zum Aufziehen von Kindern für spezifische Gruppen reichen.

Europa

Europa ist das ursprüngliche Heimatland aller europäischen Völker und wird immer das wichtigste bleiben, so wie es einer der sieben Kontinente der Welt ist.

Eurosibirien

Dieser Begriff wurde von dem französischen Philosophen Guillaume Faye geprägt, der »Eurosibirien« oder »Septentrion« für das geopolitische und biokulturelle Gebilde, für das er kämpft, verwendet. Eurosibirien umfaßt Europa und den asiatischen Teil Rußlands von der Atlantik- bis zur Pazifikküste. Faye stellt es sich als mögliche politische Körperschaft der Zukunft vor.

G

Geopolitik

Geopolitik ist eine Fachwissenschaft, die die politischen, soziologischen und geschichtlichen Dimensionen der Weltgeographie einschließlich des Einflusses der Geographie auf Sprache, Kultur und Politik studiert. Geographische Räume werden als nicht nur durch Geologie, Natur oder die verschiedenen dort lebenden Bevölkerungen, sondern ebenso durch politische und gesellschaftliche Grundlagen geformt betrachtet, die auf tatsächliche wie auf imaginäre Gebiete gleichermaßen zutreffen. Geopolitik ist außerdem eine Methode zur Entwicklung einer Außenpolitik, die sich um ein Verständnis und Erklärungen für internationale Beziehungen im Hinblick auf geo- und demographische Erwägungen bemüht.

Der Begriff Geopolitik wurde zu Beginn des 20. Jahrhunderts von Rudolf Kjellén geprägt, einem schwedischen Politiker und Staatswissenschaftler. Kjellén wiederum war von Theorien inspiriert, die Sir Halford John Mackinder und der deutsche Geograph Friedrich Ratzel formuliert hatten.

Geschichte, Ende der

Das »Ende der Geschichte« war die kontrovers diskutierte These des US-amerikanischen neokonservativen Politologen Francis Fukuyama, der behauptete, das Ende des Kalten Krieges würde auch das Ende ideologischer Zwietracht in der Welt bedeuten, da die liberale Demokratie und der Kapitalismus angeblich ihre Überlegenheit über alle anderen Ideologien bewiesen und obsiegt hätten. Spätere Entwicklungen, insbesondere der Aufstieg des politischen Islam und illiberaler Demokratien wie China, haben Fukuyama zumindest teilweise widerlegt. Für viele westliche Politiker und Gelehrte ist der weltweite Triumph des Liberalismus das Endziel, dessen Stellenwert weit über dem Wohlergehen und der Sicherheit der Völker liegt, die sie eigentlich regieren und informiert halten sollten.

H

Hierarchie

Eine Hierarchie ist eine Organisation oder ein System, in dem die Rollen der beteiligten Akteure sorgfältig nach dem Prinzip von Autorität und Unterordnung verteilt sind; außerdem werden konkrete Aufgaben spezialisierten Abteilungen darin zugewiesen, die über die benötigten Qualifikationen und Ressourcen verfügen. Im Gegensatz zu demokratischen und sozialistischen Systemen, in denen das Kollektiv als Ganzes durch eine repräsentative Instanz die Kontrolle über jedes Individuum behält, oder zu totalitären Organisationsformen, in denen ein Diktator oder eine einzelne Partei dasselbe tut, ermöglichen hierarchische Strukturen auf traditioneller Grundlage die Einrichtung weitgehender Autonomie innerhalb jeder einzelnen Stufe, indem die politische Kontrolle auf solche Bereiche beschränkt wird, in denen sie für die Funktionalität der Gesellschaft an sich vonnöten ist.

Das hierarchische Prinzip veranschaulicht besser als alles andere das herausragendste Paradoxon des vorherrschenden egalitären Paradigmas. Moderne Ideologien neigen dazu, in der Theorie alle Formen von Hierarchie und Autorität abzulehnen, während sie sie in der Praxis sehr aktiv aufrechterhalten. Die Ansichten von Wissenschaftlern und »Experten« haben viel mehr Gewicht als andere; manchmal aus gutem Grund, manchmal – etwa, wenn es um Professoren für »Gender Studies« und Journalisten mit gewissen Ansichten geht – ohne irgendeinen erkennbaren Anlaß. Politiker überschreiten ihre Mandate, die ihnen formell durch den Willen des Volkes eingeräumt wurden, bei weitem und ignorieren dabei die Realität ebenso wie die Wünsche der Bevölkerung, die sie zu repräsentieren behaupten. Hierarchische Formen ebenso wie totalitäre Tendenzen leben und gedeihen in unserer angeblich toleranten, liberalen Demokratie. Das Gleiche gilt für Heuchelei.

I

Identität

Abgeleitet vom lateinischen *idem* (»dasselbe«), bezieht sich Identität auf die Eigenschaften und Selbstzumessungen eines Individuums oder einer Gruppe, von denen angenommen wird, daß sie über die Zeit Bestand haben. Die ethnische Identität kann als essentiell für funktionierende Gemeinschaften angesehen werden (siehe Ethnie).

Imperialismus

Imperialismus ist eine Theorie oder Praxis, die für ein Volk, eine wirtschaftliche Struktur oder eine ideologische Ausrichtung das Recht beansprucht, über fremde Territorien zu herrschen. In der Geschichte beruhte Imperialismus auf den vielfältigen Entwicklungs- und Fähigkeitsstufen verschiedener Völker, so daß Nationen, die (ihrer eigenen Einschätzung zufolge) höher entwickelt waren, anderen gegenüber eine Führungsrolle beanspruchten und diese oft mittels Krieg, kultureller Zersetzung und/oder ökonomischer Ausbeutung durchsetzten. Heutzutage ist der vorrangige Ausdruck des Imperialismus die weltweite Ausdehnung der modernen, liberalen Demokratie des Westens und ihrer Ideologie der Menschenrechte, ebenso wie der damit verbundenen wirtschaftlichen und politischen Interessen. Chinas Beziehungen zu den anderen Staaten entlang der Pazifikküste und die massive Ausbreitung des Landes nach Afrika hinein ist von gewissen Beobachtern als eine latente Form von Imperialismus aufgefaßt worden, die allerdings noch reifen müsse.

Imperium

Imperium (Latein für »Oberbefehl«, »Amtsgewalt« oder »Herrschaft«) kennzeichnete ursprünglich die Autorität eines römischen Beamten; eine Befugnis, die ihm vom Senat für eine begrenzte Zeitspanne und in der Regel innerhalb eines begrenzten Handlungsbereichs gewährt wurde. Später wurde das Wort gleichbedeutend mit einem größeren politischen Organismus, der gleichermaßen Autorität über seine Subjekte ausübte.

Ein Imperium kann als eine Form gesellschaftlicher und politischer Organisation beschrieben werden, die durch ein Zentrum (klassischerweise den Imperator oder Kaiser) geprägt wird, das für ein religiöses oder heiliges Prinzip steht. Alle traditionellen Imperien wurden auf ein solches Prinzip gegründet. Darüber hinaus gestattet dieses Konzept ein bemerkenswertes Ausmaß an Pluralismus und

Autonomie für die regionalen, religiösen und beruflichen Gruppen innerhalb seines Herrschaftsbereichs.

Individualismus

Individualismus ist der Grundwert des Liberalismus und betont die Bedürfnisse des Einzelnen gegenüber denen der Gemeinschaft. Das Individuum wird demnach als die alleinige Grundlage der Gesellschaft angesehen. Es wäre in der Tat schwierig, die zentrale politische Bedeutung einzelner Menschen zu bestreiten, da Einzelpersonen letztlich diejenigen sind, die politische und gesellschaftliche Verhältnisse erfahren und von ihnen betroffen werden. Als vorrangiges oder gar alleiniges Mittel zum Interpretieren politischer Realitäten und Treffen politischer Entscheidungen ist das Individuum jedoch naturgemäß problematisch, weil es dazu neigt, offensichtliche strukturelle Faktoren wie Ethnie, Kultur und Gemeininteresse zu ignorieren. Auch ist nicht klar, wie ein atomisiertes Individuum irgendwelche »Rechte« lediglich auf Grund seiner Existenz besitzen soll, anstatt sie im Zusammenhang mit seiner innerhalb einer Gruppe eingenommenen Funktion erworben zu haben. Als übergreifendes, normatives System führt radikaler Individualismus zur Selbstzerstörung, da zusammenarbeitende ethnische und politische Gruppen jederzeit alle anderen Gruppen, deren Angehörigen es an innerer Solidarität und Zusammenhalt fehlt, ausstechen und überholen können. Aus diesem Grund zerstört radikal individualistischer Liberalismus nicht nur die Gruppen oder Völker, die ihn anwenden, sondern auch die Werte, die er zu verteidigen behauptet.

Interregnum

Ein Interregnum ist die Zeitspanne, die das Ende einer Ära mit dem Beginn einer neuen verbindet. Es ist eine Phase des Übergangs und ein potentieller Wendepunkt, an dem neue Ideen und Weltanschauungen um die zukünftige Vorherrschaft ringen.

Nach Ansicht einiger Philosophen ist unsere Gegenwart nichts anderes als eine solche Übergangsphase, die das Ende der Moderne markiert.

K

Katholische Soziallehre

Die Soziallehre des Katholizismus beruht auf den politischen und sozialen Doktrinen, die durch die Geschichte hindurch von der katholischen Kirche verteidigt worden sind. Ihr Kernpunkt ist die Schaffung katholischer Staaten, in denen sämtliche Institutionen und zwischenmenschlichen Beziehungen die traditionellen Lehren der Kirche widerspiegeln. Von besonderer Wichtigkeit sind das Heiligtum der Ehe, das Verbot von Abtreibung und Verhütungsmitteln, das Vorrecht der Eltern vor dem Staat in Erziehungsfragen, der Widerstand gegen als falsch aufgefaßte religiöse Lehren wie den Islam sowie die Begrenzung des Staatswesens im Verhältnis zur Zivilgesellschaft. Die katholische Soziallehre ist gegenrevolutionär und eng mit dem Monarchismus verbunden.

Konservative Revolution

»Konservative Revolution« ist ein auf den ersten Blick widersprüchlicher Begriff, der vor allem Ideen bezeichnet, die zur Zeit der Weimarer Republik in einigen deutschen Intellektuellenkreisen zirkulierten. Dieses Gedankengut bildete eine radikale Kritik am liberalen Programm der Französischen Revolution (vgl. 1914, Ideen von). Oft wird Nietzsche als einer ihrer wichtigsten Vorläufer genannt; der Konservativen Revolution werden unter anderem Denker wie Ernst Jünger, Oswald Spengler, Carl Schmitt und Martin Heidegger zugerechnet.

Der Begriff wurde von dem Schriftsteller Hugo von Hofmannsthal sowie dem Juristen und politischen Theoretiker Edgar Julius Jung geprägt und bekanntgemacht. Der führende Geschichtsschreiber der Konservativen Revolution war Armin Mohler, der die Einzelheiten ihrer Ideen in seinem Hauptwerk *Die Konservative Revolution in Deutschland 1918-1932*[5] beschrieb.

Konsumgesellschaft, Konsumismus

Konsumgesellschaft ist ein eher abwertender Begriff für den Lebensstil, der für den Großteil der heutigen Bevölkerung der westlichen Welt typisch ist. Die Formulierung wurde während des Aufkommens der ökologischen und sozialen Bewegungen der 1970er Jahre gebräuchlich und bezeichnet Phänomene wie den Konsum von Waren und Dienstleistungen auf Grund künstlich erzeugten Verlangens anstelle echter Bedürfnisse oder wahren Begehrens. Der Begriff wird von diversen grundverschiedenen politischen Bewegungen verwendet, zu denen sowohl Antimodernisten als auch Umweltaktivisten gehören.

Ein Effekt der Konsumgesellschaft ist die Massenproduktion von Gütern in verhältnismäßig verarmten Ländern der »Dritten Welt« – in der Regel ehemaligen Kolonien, in denen rechtliche Bestimmungen nicht so streng durchgesetzt werden und die intensive Ausbeutung natürlicher Ressourcen sowie menschlicher Arbeitskraft möglich ist –, von wo aus sie in die »Erste Welt« zurückimportiert werden. Dies trägt zur Verschwendung der oft begrenzten natürlichen und menschlichen Ressourcen bei, da billige Arbeitskraft niedrige Produktionskosten und damit niedrige Preise für die Konsumenten in anderen Teilen der Welt bedingt.

In einem weiteren Sinne hat die Konsumkultur als Lebensstil zur Tendenz der Menschen beigetragen, sich eher mit ihren Erwerbsgütern als mit ihrer Ethnie oder Gemeinschaft zu identifizieren. Eine auf den Gütern, die man sich leisten kann, aufgebaute Identität hat sich herausgebildet, und der soziale Status wird zunehmend über den

---

5 *Die konservative Revolution in Deutschland 1918–1932. Ein Handbuch*, 6., völlig überarb. u. erw. Aufl., Graz: Ares, 2005.

Besitz gewisser Kleidungs- und Möbelstücke, Autos und anderer Produkte definiert (nicht mehr nur betont oder zur Schau gestellt). Abgesehen von den problematischen Auswirkungen auf den Einzelnen, wie dem Schuldenmachen zum Zwecke des Erwerbs austauschbarer und unnötiger Waren, ist auch die Wurzellosigkeit unseres Zeitalters zum Teil eine Folge der unvollständigen und unangemessenen Konstruktion künstlicher Identitäten, die typisch für eine Konsumgesellschaft sind.

Konterrevolutionär

Denker und Bewegungen werden als konterrevolutionär definiert, wenn sie den revolutionären Mächten entgegenstehen, die das traditionelle Europa über Jahrhunderte hinweg niedergerissen haben, und somit dem Erbe der Französischen Revolution und ihren Idealen widerstehen. Exemplarische Autoren in dieser Tradition sind Joseph de Maistre, Plinio Correa de Oliveira und Thomas S. Molnar. Eines der ersten und berühmtesten Beispiele konterrevolutionärer Rebellionen war der französische Aufstand in der Vendée Mitte der 1790er, aber Erhebungen zur Verteidigung der traditionellen Werte und Hierarchien des Kontinents haben in ganz Europa quer durch die moderne Geschichte stattgefunden. Der schwedische Dacke-Aufstand von 1542 kann als konterrevolutionäre Revolte gesehen werden, da er neben anderen Dingen auch die organischen Einrichtungen sowie die traditionelle katholische Messe verfocht.

Im französischen Kontext sind die Worte »Legitimist« und »Monarchist« quasi gleichbedeutend mit dem Konterrevolutionär; exemplarisch hierfür stehen Charles Maurras und die von ihm gegründete *Action Française*. Andere Beispiele für Bewegungen, die für Monarchie, lokale und regionale Freiheiten sowie katholischen oder andere Formen des christlichen Traditionalismus kämpften, schließen den Carlismus in Spanien, die »Weißen« im russischen und finnischen Bürgerkrieg sowie die Cristeros in Mexiko – die gegen den dort in den 1920er Jahren etablierten Freimaurerstaat kämpften – ein. Dollfuß in Österreich, Franco in Spanien und Salazar in Portugal sind weitere Beispiele für mehr oder minder ausdrückliche Konterrevolutionäre.

Kosmopolitismus

Kosmopolitismus ist die Ansicht, daß alle Menschen zusammengenommen eine Gesamtgemeinschaft auf Grundlage ihrer gemeinsamen biologischen Menschlichkeit bildeten. Das Gegenteil des Kosmopolitismus ist der Kommunitarismus, der sich auf tatsächlich bestehende Gemeinschaften und Zusammengehörigkeiten bezieht und die Existenz eines übergreifenden, alles gleichmachenden Universalismus verneint. Ein konsequenter Kosmopolitismus betrachtet alle Faktoren, die Individuen oder Gruppen aus einer postulierten Gesamtmenschheit hervorheben würden, als unmoralisch oder sachlich falsch; daher begegnet er Nationalitäten, Volkstum und religiösem Partikularismus mit Feindseligkeit. Das Ziel des Kosmopolitismus ist immer – ob explizit oder implizit – der Weltstaat und damit das Konzept der Weltbürgerschaft im Gegensatz zu einer nationalen, ethnischen oder religiösen Identität.

Moderner Kosmopolitismus entwickelte sich aus der Aufklärung, während der er für die Anwendung universaler Prinzipien auf das Konzept der Bürgerschaft stand. Heute kann der Kosmopolitismus als Gründungsmythos der Globalisierung gelten, selbst wenn einige unbedeutende, winzige Eliten in Wirtschaft, Massenmedien und Wissenschaftsbetrieb ihn für die Realität halten.

Kultur

Kultur ist die bewußte Verfeinerung der intellektuellen, künstlerischen, sozialen und spirituellen Bereiche. Sie schließt Religion, Kunst, Wissenschaft, Bildung, Lehre, Kindeserziehung, Weltanschauung, Gebräuche, Sitten und alles nicht im engeren Sinne Biologische ein. Kulturelle Fragen sind solche, die die geistigen Aufgaben der Gesellschaft betreffen. Gelegentlich wird der Begriff in Gegensatz zur Natur gesetzt. Im üblichen Gebrauch bezeichnet das Wort meist die äußerlichen Eigenschaften einer bestimmten Gesellschaft. Diese Eigenschaften beinhalten etwa bildende Kunst, Dichtung, Speisen, Tanz und andere konkrete Phänomene, die sich ansehen oder berühren lassen. In einem tieferen Sinne kann Kultur als die grundlegenden Besitztümer eines Volks gesehen werden, aus denen seine äußerlichen Eigenschaften entstanden sind, so daß die sichtbare Kultur eine Widerspiegelung der Grundcharakteristika der Bevölkerung darstellt. Aus diesem Blickwinkel ist ein Volk seine Kultur, und die Kultur ist ihr Volk.

Kulturkampf

Kulturkampf kann aus unserer Sicht als die intellektuelle und schöpferische Verteidigung der europäischen Kultur beschrieben werden. Ein politischer Kampf, der nicht von einem Kulturkampf begleitet, gerechtfertigt und unterstützt wird, ist zum Scheitern verdammt.

Eine dynamische Kultur, die auf ethnischer Identität ruht, ist – neben der Grundlage, die das Volk selbst darstellt – die Voraussetzung für das Überleben eines Volks. Politische Bewegungen, die den Kulturkampf vernachlässigen und die Teilnahme an kulturellen Aktivitäten zur Beförderung der Identität verweigern, werden niemals nachhaltige gesellschaftliche Veränderungen bewerkstelligen.

Der Kulturkampf kann sich nicht darauf beschränken, lediglich unser Erbe und unsere Traditionen zu verteidigen oder unser geschichtliches Bewußtsein zu stärken – er muß auch unsere Schöpfungskraft umfassen. Um die europäische Kultur zurückzugewinnen, genügt es nicht, ihre Zerstörung zu verdammen – ihre Rettung verlangt eine wohldurchdachte, konstruktive und strategische Gegenoffensive.

Kulturmarxismus

Kulturmarxismus ist ein weitläufiger Begriff, der sich auf die Befürworter der Kritischen Theorie bezieht, und generell auf den metapolitischen Einfluß der Linken auf den politischen und gesellschaftlichen Diskurs. Kulturmarxismus ist eine Metaideologie, die auf einer quasimarxistischen Analyse von Machtstrukturen und Herrschaftsschemata basiert. Einfach formuliert: Der klassische Marxismus behauptet, daß der Kapitalismus eine Gesellschaft herbeiführe, in der die Machtverhältnisse zwischen den herrschenden und den arbeitenden Klassen im Ungleichgewicht sind, was wiederum eine soziale Spannung erzeuge, die auf lange Sicht durch die Schaffung eines klassenlosen Gesellschaftssystems aufgelöst werden könne und müsse. Im Gegenzug problematisiert der Kulturmarxismus Herrschaftsschemata in Bereichen wie den folgenden:

- Geschlechter (Mann/Frau)
- Familie (Kernfamilie/»alternative« Familie)
- sexuelle Orientierung (Heterosexualität als Grundlage der Gesellschaft/Homo-, Bi-, Transsexualität)
- Rasse (in aller Regel: weiß/nichtweiß)
- Kultur (europäisch/nichteuropäisch, westlich/nichtwestlich)
- Religion (Christentum, Rationalismus/Atheismus, typischerweise verbunden mit einem Eintreten für den Islam und andere Minderheitenreligionen)

Auf akademischer Ebene bedient sich Kulturmarxismus der Kritischen Theorie, um Normen und Standards anzugreifen und die Kultur zum Wohle angeblich unterdrückter Gruppen sowie ihrer selbsternannten Repräsentanten – der Kulturmarxisten selbst – zu verändern. Eine gängige und agitatorische Manifestation des Kulturmarxismus ist die sogenannte »politische Korrektheit«, durch die wirkmächtige Medienkanäle und Sozialwissenschaftler das »Infragestellen von Normen« ebenso wie eine widerspruchslose Vorzugsbehandlung von Gruppen, die als unterdrückt verkauft werden, zur Pflichtübung machen. In der Folge verändert sich der Zeitgeist zugunsten von Feminismus, Multikulturalismus, Schwulenrechten, Atheismus und so weiter. Es ist von essentieller Bedeutung für die kulturmarxistische Linke und jedermann unter ihrem Einfluß, weiße, heterosexuelle, in Kernfamilien lebende, christliche Männer gleichzeitig als hoffnungslose Langweiler und niederträchtige Unterdrücker zu geißeln.

Während der Kommunismus, wie Marx ihn sich vorstellte, immerhin die Auflösung des Klassenkampfes in einem utopischen Gesellschaftssystem zu bieten hatte, kann der Kulturmarxismus – selbst auf rein theoretischer Ebene – lediglich eine hoffnungslose Form des ewigen Kriegs zwischen immer enger gefaßten Gruppen gekränkter Minderheiten anbieten. Die einzig erwähnenswerte mögliche Auswirkung seiner breiteren Anwendung ist die endgültige Auslöschung der europäischen Kultur, die ironischerweise auch den letzten Hauch von Toleranz gegenüber jenen Gruppen, die angeblich die Früchte dieses Prozesses ernten sollen, austilgen würde.

In der kulturmarxistischen Praxis findet sich der Ehrgeiz, Worte und Begriffe (neu) zu definieren, um sie politisch einsetzen zu können. Indem er den gewohnten Sprachgebrauch beeinflußt, führt der Kulturmarxismus neue Vorstellungen davon ein, was es bedeutet, gewisse Dinge zu sagen oder zu denken. Das Umtaufen von illegalen Einwanderern zu »undocumented workers« und ethnischer Diskriminierung zu »affirmative action« sind zwei US-amerikanische Beispiele für das Wirken dieser Art von Verzerrung. Die schwedischen Medien sind so übervoll von Neologismen, daß es für einige Konstruktionen keinerlei Gegenstücke in anderen Sprachen gibt.

Die Wurzeln der geistigen Tradition, die wir Kulturmarxismus nennen, finden sich in dem allgemein als Frankfurter Schule bezeichneten Intellektuellenzirkel; wer genau den Begriff geprägt hat, ist jedoch nicht klar. Autoren wie Douglas Kellner, Paul Gottfried, Christopher Lasch, Kevin MacDonald, Michael E. Jones, William Lind, Tomislav Sunic oder Pat Buchanan haben ihn allesamt benutzt. Kellner, selbst ein Fürsprecher der Kritischen Theorie, hat ihn als Weiterentwicklung des Marxismus des 20. Jahrhunderts bezeichnet und festgestellt, daß es sich beim Kulturmarxismus um die Zielsetzung westlicher Marxisten handelt, die marxistische Theorie auf kulturelle Phänomene und ihre Verbindungen zu Ideologie und Produktionsmitteln anzuwenden.

Kevin MacDonald, Paul Gottfried, Michael E. Jones und William Lind sind in ähnlicher Weise auf die Tendenz der späten westlichen Marxisten – beginnend mit Max Horkheimer – eingegangen, die marxistische Soziologie mit freudianischer Psychoanalyse zusammenzubringen. Ein Beispiel ist Theodor Wiesengrund Adornos Kritik an christlichen, weißen Männern in seinem Werk *The Authoritarian Personality* (1950),[6] die sich »Beobachtungen« und Analysen soziologischer sowie psychologischer Art bedient, um Elternschaft, Familienstolz, Christentum, das Festhalten an traditionellen Rollen und Verhaltensregeln im Hinblick auf Geschlechterbeziehungen sowie die Liebe zum eigenen Land als krankhafte Phänomene hinzustellen.

Dieser Hang dazu, Meinungen und Lebensweisen zu pathologisieren, die nicht mit seinen eigenen politischen Zielsetzungen übereinstimmen, ist charakteristisch für den Kulturmarxismus. Abweichende Ansichten werden oft als irrationale Ängste vor dem Unbekannten, als »Phobien«, gesehen. Der Kulturmarxismus behauptet, anderen Meinungen gegenüber tolerant zu sein – mit der denkwürdigen Ausnahme solcher Ansichten, die sich in irgendeinem bedeutenden Aspekt von seiner eigenen unterscheiden. Ein Mensch, der nicht willens ist, in einer von muslimischen Islamisten dominierten Gegend als Minderheit zu leben, wird als »islamophob« verschrien werden, da es als angstbasiert und krankhaft angesehen wird, vorzugsweise dort zu

---

6 Deutsche Erstveröffentlichung: *Studien zum autoritären Charakter*, Frankfurt: Suhrkamp, 1973.

leben, wo es echte Sicherheit für den Einzelnen, seine Familie und seine Kinder gibt und wo er tatsächlich mit Menschen zusammenleben kann, die ihm ethnisch und kulturell ähneln - denn nichts davon hat einen Wert für Kulturmarxisten. In Gesellschaften mit überwiegend europäischer Bevölkerung sieht der Kulturmarxist die Mehrheitsbevölkerung immer als privilegiert und unterdrückerisch an, unbeeindruckt von den real existierenden ethnischen und demographischen Machtverhältnissen in den betrachteten Gegenden oder Bereichen, ungeachtet der Frage, ob tatsächlich irgendeine erkennbare Unterdrückung stattfindet. Im umgekehrten Fall scheint diese Sicht nicht Südafrika zu betreffen, wo die europäische Minderheit massiver rechtlicher und institutioneller Diskriminierung unterworfen ist, ganz abgesehen von gewalttätigen Übergriffen und Morden in alarmierender Häufigkeit. Weiße Minderheiten werden von Kulturmarxisten niemals als unterdrückte Gruppen angesehen, solange nur ein einziges ihrer Mitglieder ökonomischen oder politischen Erfolg hat.

Kulturnationalismus

Kulturnationalismus (auf Schwedisch: *Kulturnationalism*) ist ein Wort, mit dem in Schweden solche Nationalisten, die für die Assimilation oder Integration von Immigrantengruppen eintreten, von solchen unterschieden werden, die die Rückführung oder Absonderung der nicht assimilierbaren dieser Gruppen verfechten. Infolge der ständig anwachsenden Masseneinwanderung der letzten Jahrzehnte und der damit einhergehenden Unmöglichkeit, die fraglichen Gruppen zu assimilieren oder zu integrieren, hat dieses Konzept stark an Bedeutung verloren.

L

Legitimation, negative

Negative Legitimation ist ein von Guillaume Faye eingeführter Begriff zur Beschreibung politischer Organisationen, die ihre eigene Machtstellung vor allem durch die Bedrohung der Öffentlichkeit mit den möglichen Folgen des Aufstiegs einer rivalisierenden politischen Kraft legitimieren. Dieses Phänomen ist typisch für Frankreich, wo die etablierten Parteien behaupten, daß der rechte Front National eine Bedrohung für Demokratie und Frieden darstelle, was ihr eigenes Festhalten an der Macht begründet. In Schweden und vielen anderen Ländern hat diese Tendenz lächerliche Ausmaße angenommen. Viele der Politiker im schwedischen *riksdag*, ebenso wie die meisten Exponenten der Medien des Establishments, verbringen fast genausoviel Zeit damit, über die angeblichen Gefahren der Schwedendemokraten zu schwadronieren, wie sie dafür aufwenden, über tatsächliche gesellschaftliche und politische Angelegenheiten oder ihre eigenen politischen Ansichten zu sprechen.

Liberalismus

Liberalismus im europäischen Sinne ist eine Ideologie, die postuliert, daß ein Volk eine Ansammlung von Individuen mit gleichen Rechten sei, die ein gegebenes Territorium bewohnen. Aus liberaler Sicht ist der Staats mit einem Börsenunternehmen vergleichbar, mit den Bürgern als seinen Partnern oder Eigentümern. Der Staat entsteht durch eine Übereinkunft unter allen Bürgern und ist deshalb ihrem kollektiven Willen unterworfen, der in Wahlen bestimmt wird. Unter diesem Gesichtspunkt sind Industrie und Handel ebenfalls durch die Anstrengungen einzelner Individuen geschaffen worden und sollen sich deshalb durch Wettbewerb unter minimaler Einmischung des Staats entwickeln. Dieser Doktrin zufolge wird das Ziel des Liberalismus – »das größte Glück der größten Zahl« der Bürger (Utilitarismus) – erreicht, indem man der Vernunft des Einzelnen gestattet, sich unter dem Einfluß von Politik und Wirtschaft zu entwickeln. Nicht greifbare soziale Faktoren wie Religion und Tradition können toleriert werden, müssen jedoch von den Mechanismen des Staats ausgeschlossen werden, damit nicht eine Gruppe von Bürgern anderen ihre Werte und Traditionen aufzuzwingen versucht.

Liberalismus ist demokratisch, kapitalistisch und rationalistisch. Auf sein logisches Extrem zugespitzt, kann er niemals nationalistisch sein, da sein konzeptueller Rahmen menschliche Lebensumstände im Hinblick auf Ethnie, Sprache, Religion oder Kultur in keiner substantiellen Weise zu erklären vermag. Seine größte Stärke liegt im wirtschaftlichen Bereich, wo seine Anwendung massive und beeindruckende Erfolge gezeitigt hat. Seine Hauptschwächen sind sein phantastisches – das heißt: falsches – Bild vom Staat sowie die Tatsache, daß seine Anthropologie, sobald sie auf irgendetwas außerhalb des Marktes Liegendes angewandt wird, sich mit nichts mehr deckt, was wir über die Charakteristiken und die Natur menschlicher Wesen wissen.

M

Metapolitik

In der Metapolitik geht es um die Verbreitung von Ideen, Haltungen und Werten innerhalb einer Gesellschaft mit dem langfristigen Ziel, einen tiefergehenden politischen Wandel herbeizuführen.

Der Begriff bezeichnet eine Methode, die öffentliche Meinung zu beeinflussen, die nicht an bestimmte politische Parteien oder Programme gebunden zu sein braucht. Metapolitik ist eine wichtige Ergänzung zu normaler politischer Aktivität, doch kann sie nicht ersetzen.

Von den Geheimgesellschaften der Französischen Revolution bis hin zu den modernen Denkfabriken, Lobbies und Interessengruppen war Metapolitik stets notwendig, um der politischen Transformation von Gesellschaften den Boden zu bereiten, aber auch, um die Stellung der etablierten Regime zu verstärken.

Eine typische metapolitische Ausrichtung der öffentlichen Meinung funktioniert in mehrere Richtungen: Sie versucht, sowohl die »Macher« der Politik als auch die allgemeine Öffentlichkeit zu beeinflussen. Sie schult eine aktivistische Elite auf ideologischer Ebene, während sie gleichzeitig ein breites Publikum mit ihrer Botschaft zu erreichen sucht.

Moderne, Modernismus

Moderne ist ein Begriff, der sich unter anderem auf die gesellschaftliche und politische Ordnung bezieht, die aus der Aufklärung entstand und auf rationalistischen und wissenschaftlichen Prinzipien sowie individuellen Rechten basiert. Der Begriff Modernismus wird oft gebraucht, um die mit dieser gesellschaftlichen und politischen Entwicklung verbundene Kunst, Kultur und Werthaltung zu beschreiben.

N

Nation, Nationalismus

Das Wort Nationalismus stammt vom französischen *nationalisme* ebenso wie vom lateinischen *natio/natalis,* was »Geburt« bedeutet. Verwandte Wörter sind »nativ« und »Natur«, auch das französische *Noël.* Nationen sind – wie der Ursprung des Worts ein Stück weit veranschaulicht – ursprünglich Ausdrucksformen von Ethnie und Blutsverwandtschaft; alle Formen des Nationalismus basieren auf den unterschiedlichen Arten von Gemeinschaft und Verwandtschaft innerhalb der Grenzen einer gegebenen Nation. Während ethnischer

Nationalismus bestehenden Staaten vorausgeht und über sie hinausweist, preist der moderne Nationalismus in der Regel einen konkreten Nationalstaat und seine Völker, Kulturen, Geschichten und andere menschengemachte Besonderheiten.

Nationalstaat

Ein Nationalstaat ist ein Staat, der in erster Linie von den Angehörigen einer Ethnie bewohnt wird. Idealerweise besteht der Nationalstaat aus einem einzigen Volkstum, das als Gesellschaft organisiert und im Besitz eines konkreten Staatsgebiets ist.

Nihilismus

Der Nihilismus, vom lateinischen *nihil* (»nichts«), ist eine philosophische Weltsicht, die behauptet, daß nichts einen intrinsischen moralischen Wert oder eine Bedeutung besitze und daß objektive Erkenntnisse und Wahrheit nicht existieren.

O

Organischer Humanismus

Organischer Humanismus basiert auf einer Sicht der menschlichen Natur, die dem Antiegalitarismus eng verwandt ist. Aus diesem Blickwinkel kann die Lebensgemeinschaft, die die Gesellschaft und ihre Einwohner formt, mit einem lebendigen Organismus verglichen werden, dessen unterschiedliche Teile einander ergänzen und voneinander abhängig sind. Diese organische, soziale Gemeinschaft begünstigt die Herausbildung von Persönlichkeiten unter ihren Angehörigen, indem sie deren unterschiedliche und weitgefächerte Fähigkeiten in eine identitätsbejahende Gemeinschaft und Kultur mit einem gemeinsamen Ursprung und Schicksal hineinassimiliert.

Der organische Humanismus kann dem mechanistischen Humanismus gegenübergestellt werden, in dem der Mensch stattdessen zu einem angepaßten und wurzellosen Individuum degradiert und die Gesellschaft als Maschine gesehen wird, deren Bauteile austausch- und wegwerfbar sind. Die europäische Neue Rechte versucht, ein Gegengewicht zu dieser mechanistischen Sicht der Gesellschaft zu bilden und sich des organischen Humanismus zu bedienen, um den kulturellen Pluralismus und das Recht auf Differenz und Identität zu verteidigen.

P

Politische Korrektheit

Politische Korrektheit ist ein abwertender Begriff, der in der Regel für einen Satz an Wertvorstellungen und Meinungen verwendet wird, von denen die Einzelnen nicht abweichen dürfen, ohne sozialen und/oder medialen Sanktionen zum Opfer zu fallen. Er beschreibt insbesondere angeblich »sensible« sprachliche Neuerungen, die darauf abgestimmt sind, den öffentlichen Diskurs zu beherrschen, indem das Denken der Menschen durch Sprache manipuliert wird.

Im heutigen Europa wird der Begriff vor allem benutzt, um eine selbstgerechte linke Einstellung gegenüber Politik und Moral – insbesondere im Hinblick auf Einwanderung, sexuelle Devianz, Multikulturalismus, Demokratie und »Gender«-Fragen – zu kennzeichnen. Die Ansichten der Linken zu diesen Fragen werden gemeinhin als »politisch korrekt« bezeichnet. Die Formulierung kann auch auf die Methoden zur Wahrung der Vorherrschaft politisch korrekter Ausrichtungen angewandt werden.

Die politische Korrektheit kann im weitesten Sinne als Treue zu scheinbar selbstverständlichen Werten einer gegebenen Gesellschaft verstanden werden, darf aber nicht mit den Wertvorstellungen verwechselt werden, die tatsächlich vom Großteil der Bevölkerung gehegt werden. Vielmehr wird sie von denen geprägt, die im Einklang mit den Ansichten der soziopolitischen Eliten stehen – dem sogenannten »Establishment«.

Populismus

Populismus (vom lateinischen *populus* für »Volk«) ist eine politische Doktrin oder Methode mit dem Ziel, politische Wirkung zu erzielen und die Interessen des Volkes gegen eine Elite zu verteidigen. Der Populist ist erkennbar an seinem Willen, einen Anspruch (den des Volkes) ohne unbedingte ideologische Grundierung zu vertreten. Der Begriff wird heute von den Massenmedien eingesetzt, um einwanderungskritische Parteien zu attackieren, dient aber neuerdings auch zur Brandmarkung linker Parteien, die Globalisierung, Freihandel oder Deregulierung in substantieller Weise hinterfragen.

Der Ursprung des Populismus kann in der späten Römischen Republik gesucht werden, wo zwei Fraktionen, Popularen und Optimaten, um die politische Vormachtstellung im Senat kämpften. Die Popularen bestanden nicht – wie man annehmen könnte – aus Vertretern der Plebejer, sondern aus römischen Patriziern, die erkannt hatten, daß sie nur durch Sicherung der Unterstützung durch die »kleinen Leute« eine politische Machtbasis aufbauen konnten. Sie traten für Reformen wie die Stärkung des Einflusses der Volkstribunen, die Umverteilung von staatlichen Ländereien, das Angebot einer Brotspende für alle römischen Bürger und so weiter ein.

Der bekannteste Führer dieser Fraktion war was Gaius Julius Caesar, der der Republik ein Ende bereiten sollte. Gegen die Popularen stand die konservative Fraktion der Optimaten, deren politisches Projekt auf den Erhalt der Republik abzielte.

Der moderne Populismus hat seine Wurzeln in diversen politischen Bewegungen Amerikas.

Postmoderne

Postmoderne bezieht sich auf einen Zustand, der die Moderne (siehe oben) ablöst. Der Begriff hat viele verschiedene Bedeutungen, abhängig vom Kontext, in dem er benutzt wird, aber eine der wichtigsten Interpretationen fokussiert den Zusammenbruch der »großen Erzählungen«, von denen der französische Philosoph Jean-François Lyotard in seinem 1979er Werk *Das postmoderne Wissen*[7] handelte. Während die Aufklärung, das 19. Jahrhundert und die erste Hälfte des 20. Jahrhunderts von überspannenden Ideologien und großen Erzählungen geprägt waren, neigt die postmoderne Gesellschaft dazu, von »kleinen Erzählungen« konstituiert zu werden. Kleine Gruppen und einzelne Individuen schaffen ihre eigenen, oft grundverschiedenen »Erzählungen«, mittels derer sie sich zu der Welt um sie herum in Beziehung setzen. Die Postmoderne steht demnach in Verbindung zu Phänomenen wie Multikulturalismus, individuellem Narzismus, subkulturellem Egozentrismus sowie der Auflösung von Völkern und Nationen inmitten des Zusammenbruchs sozialen Zusammenhalts hin zu sinnlosen Streitereien über Nebensächlichkeiten und den Beschwerden ichbesessener Splittergruppen.

Die Verteidiger der Postmoderne sind, wie man sich vorstellen kann, vor allem auf der Linken zu finden. Gleichzeitig schafft der Auflösungsprozeß auch Möglichkeiten für die Mehrheitsbevölkerungen Europas, die Erzählungen fortzusetzen, die in der Zeit jener auf rationalistischen und aufklärerischen Prinzipien basierten, zentralisierten Staaten und Wertesysteme des 20. Jahrhunderts unterbrochen und unterdrückt worden sind. Der französische Theoriezirkel GRECE hat erörtert, wie die Instrumente der Postmoderne verstanden und benutzt werden können, um den schlafenden Geist Europas wieder-

---

[7] *Das postmoderne Wissen*, hrsg. v. Peter Engelmann, 7. Aufl., Wien: Passagen, 2012.

zuerwecken – durch die Verstärkung der Idee einer spezifisch europäischen Erzählung, die neben denen andere Völker existiert.

R

Rassismus, Rassisten

Rassismus ist ein abschätziger Begriff, der oft gebraucht wird, um Europäer zu kennzeichnen, die offensichtlich schädlichen politischen und gesellschaftlichen Tendenzen im Hinblick auf Einwanderung entgegenstehen. »Rassismus« wird als Deckbegriff benutzt, um alles von Einzelpersonen, die sich Immigranten gegenüber unhöflich oder gewalttätig verhalten, bis hin zu vernünftigen Argumenten zu den Themen Einwanderung und Ethnie abzudecken.

Dieser Mangel an Klarheit verschafft denen einen Vorteil, die eine unsinnige Einwanderungspolitik betreiben, da sie durch das Zusammenwerfen von rationalen Argumenten und Thesen mit asozialem Verhalten das Entstehen einer grundsätzlichen Diskussion, die sie niemals überstehen würden, wirksam verhindern können.

Diese Konstruktion von »Rassismus« und »Rassisten« schafft auch eine Gruppe von Außenseitern, die verschiedene gesellschaftliche Eliten ebenso wie die radikale Linke als monströse Andere darstellen können, um der Verantwortung für ihre eigenen Ansichten und Handlungen zu entgehen.

Recht auf Differenz, das

Das Recht auf Differenz ist ein Schlagwort von GRECE und der europäischen Neuen Rechten im weiteren Sinne, das die Wichtigkeit der Verteidigung des kulturellen Pluralismus und der spezifischen kulturellen Identität jedes Volks gegen die gleichmacherischen Kräfte des weltweiten Marktes zum Ausdruck bringt. Der Unterschied zum Multikulturalismus liegt darin, daß das Recht auf Differenz das Recht aller Völker – die europäischen eingeschlossen – garantiert, ihre eigene, individuelle Kultur zu bewahren, anstatt sie in einem großen »Schmelztiegel« aufzulösen.

Region, Regionalismus

Eine Region ist ein kleinerer geographischer und kultureller Teil eines gegebenen Territoriums, oft mit eigenem, abgesetztem Charakter. Regionalismus ist das Bekenntnis zu einem solchen Bereich und die persönliche Verbindung dazu. Als identitätsstiftender Faktor ist Regionalismus meist konstruktiv und bereichernd, wiewohl historische Regionalismen (ähnlich wie nationale Chauvinismen) auch von unterschiedlichen Interessengruppen benutzt worden sind, um die Einheit und freie politische Handlungsfähigkeit verschiedener Staaten zu untergraben.

S

sanfter Völkermord

Ein sanfter Völkermord ist Genozid, der ohne die Anwendung direkter Gewalt vollzogen wird. Die Täter eines sanften Völkermords beschränken sich auf den Gebrauch von Metapolitik und legaler, politischer Entscheidungsfindung, um die Geburtenraten zu reduzieren und eine Masseneinwanderung fremder Ethnien in das Gebiet der beabsichtigten Opfer in Gang zu bringen. Während sich ihre Methoden von denen eines »normalen« Völkermords unterscheiden mögen, bleiben Resultat und Zweck derselbe: die ins Visier genommene Ethnie als Ganzes zu dezimieren oder auszulöschen.

Souveränität

Von einem Volk oder Staat mit dem Recht und der Möglichkeit, unabhängig und autonom zu agieren, sagt man, es/er sei souverän. Dieser

Begriff war nach dem Ersten Weltkrieg sehr wichtig, als der US-amerikanische Präsident Woodrow Wilson die europäischen Reiche wie auch das türkische Reich durch die Unterstützung der Herausbildung von Nationalstaaten an ihrer Stelle aufzulösen suchte.

T

Totalitarismus

Im allgemeinen Gebrauch bezeichnet Totalitarismus die Ideologie eines Staates, der ungezügelte Kontrolle, Autorität und Rechtsetzung über alle Aspekte des privaten und öffentlichen Lebens in einer Gesellschaft ausübt. Was genau ein totalitäres Regime ausmacht, hängt von der verwendeten Definition ab. Aus liberaler Sicht wird ein totalitäres Regime durch das Fehlen formaler Demokratie, der Menschenrechte und politischer Freiheit im individualistischen Sinne charakterisiert.

Eine tiefergehende Analyse könnte zusätzlich das Ausmaß aufzeigen, in dem mächtige Privatinteressen die Lebenswelt der Bürger bestimmen und individuelle wie kollektive Freiheit vom Einfluß staatlicher Bürokratie ebenso wie von dem des Marktes und der »Grundwerte« der Gesellschaft möglich und tatsächlich realisierbar ist. Unter diesem Blickwinkel erscheinen viele westliche Demokratien, in denen die Werte und Normen der Medien die Gesellschaft in Gänze durchdringen und die wissenschaftlich unterfütterte Vermarktung von Lebensstilen und Konsumgütern einen Großteil der individuellen Lebenswelt bestimmt, als ebenso totalitär wie viele Gesellschaften mit einem weitaus geringeren Grad an formeller politischer Freiheit.

Tradition, Traditionalismus

Traditionalismus oder die Traditionalistische Schule ist eine Strömung innerhalb der vergleichenden Religionsphilosophie, die in ihrer jetzigen Form durch den französischen Metaphysiker René Guénon

(1886–1951) begründet sowie unter anderem vom Italiener Julius Evola (1898–1974) und dem Schweizer Frithjof Schuon (1907–1998) erweitert wurde. Sie hat die Aufrechterhaltung der in allen urtümlichen religiösen Traditionen der Welt enthaltenen, zeitlosen Grundprinzipien zum Inhalt, die als Manifestationen einer einzigen metaphysischen Quelle angesehen werden, die der Realität zugrundeliege. Dadurch teilten sie eine gemeinsame Wurzel und seien auf esoterischer Ebene verwandt, unterschieden sich jedoch im Exoterischen durch Kultur, Ethnie und Sprache. Die Lehren der Traditionalistischen Schule werden in anderen Zusammenhängen auch als Perennialismus oder *Sophia Perennis* (»ewige Weisheit«) bezeichnet. Der letztere Begriff stammt aus der Renaissance. Der hinduistische *Sanatana-Dharma* – die ewige Ordnung – hat eine ähnliche Bedeutung. Aus dieser Perspektive wird die Geschichte als ein immerwährender Zyklus von Aufstieg und Niedergang betrachtet, in dem wir uns gegenwärtig dem Tiefpunkt nähern, einem von Korruption und Dekadenz bestimmten Zeitalter, auf das die totale Zerstörung folgen wird. Nichtsdestoweniger halten es Traditionalisten selbst in dieser Zeit für möglich, daß sich Einzelne oder kleine Gruppen über den Verfall erheben könnten.

Traditionalismus (katholisch)

Geschichtlich gesehen, war die katholische Kirche die stärkste Macht, die den revolutionären und modernistischen Mächten, die Europa verwüsteten, entgegenarbeitete. Dies änderte sich drastisch infolge des Zweiten Vatikanischen Konzils (1962–1965), auf dem große Teile der kirchlichen Hierarchie – in der Absicht, den Glauben zu modernisieren und seine »Relevanz« in der Moderne zu erhalten – ihre Doktrinen im Einklang mit revolutionären Ideen revidierten. Vor dem Konzil war Traditionalismus die Grundnorm der Kirche, und von 1910 bis 1967 war jeder katholische Priester verpflichtet, den sogenannten »Antimodernisteneid« zu schwören.

Nach dem Konzil wurden die Verteidiger des katholischen Traditionalismus in erster Linie für ihr Beharren auf der traditionellen lateinischen Messe, ihre Unterstützung für katholische Staaten und den Widerstand gegen synkretistische und ökumenische Tendenzen bekannt. Der katholische Traditionalismus verteidigt die Lehre, daß die Kirche von Christus selbst gestiftet worden und daß Christus der einzige Weg zur Erlösung sei.

U

Universalismus

Universalismus ist unter anderem ein Weltbild, in dem die Menschheit als homogenes Ganzes gesehen wird, eine erweiterte Familie, in der Begriffe wie »Volk« und »Identität« ihre Bedeutung verlieren.

Universalismus ist verbunden mit Egalitarismus und begründet eine Form desselben politischen Monotheismus, der die Wurzel aller Totalitarismen darstellt. Der universalistischen Denkweise zufolge ist jedes menschliche Wesen nichts weiter als ein »Weltbürger«. Die universalistische Doktrin verlangt, daß alle Kulturen sich miteinander vermischen und somit verschwinden, weil keine relevanten Unterschiede zwischen ihnen existieren.

Der Universalismus ist eine heimtückische Waffe, die für jede nur vorstellbare Form von Imperialismus – einschließlich des politischen Islams und des Amerikanismus – nützlich ist, weil er ein einziges Modell (sein eigenes) auf die gesamte Welt anwendet und behauptet, die Vereinigung aller Völker anzustreben. Er behauptet, dies würde allen Frieden und Wohlstand bringen. In der Praxis kann es nur zur Unterwerfung aller Völker unter ein einziges Macht- und Interessenzentrum führen. Da die Menschheit immer eine Vielheit einzigartiger ethnischer Gruppen mit biologischen und kulturellen Besonderheiten war, ist und sein wird, ist diese Form des Universalismus stets eine

Strategie zur Erlangung totalitärer Herrschaft der einen oder anderen Art.

V

Volkes, Wille des

Der Wille des Volkes ist ein Konzept, das vorrangig in Demokratien eine Rolle spielt, aber auch in kommunistischen und faschistischen Ländern eine gewisse Bedeutung gehabt hat. Der Begriff beschreibt ein Streben oder Bewußtsein, das ein Volk oder die große Mehrheit der Bürger eines Nationalstaats gemeinsam haben.

Die in modernen Zeiten verbreitetste Auffassung des Volkswillens ist, daß dieser sich durch allgemeine Wahlen oder – nach Ansicht von Anarchisten oder libertären Sozialisten – durch kollektive Handlungen verschiedener Art äußere.

Bei gewissen Konservativen, die von de Maistre inspiriert worden sind, findet sich die Meinung, daß sich der Wille des Volkes als ein Instinkt unter den Genies eines jungen Volks manifestieren könne.

In spätmodernen Staaten wie Schweden, wo die demokratische Konzeption mehr und mehr zu einer Frage der Aufrechterhaltung bestehender Dogmen und Werturteile anstatt der Repräsentation des Gemeinwesens wird, sind Bezüge auf den Willen des Volkes mittlerweile sehr ungebräuchlich.

W

White flight

White flight (»Flucht der Weißen«) ist ein Begriff, der die Neigung weißer Bewohner bezeichnet, aus Stadtteilen wegzuziehen, in denen der prozentuale Anteil Nichtweißer zunimmt. In den Vereinigten Staaten konnte man White flight in Städten wie Detroit und Alabama beobachten, während Schweden derartige Gegenden in Rinkeby, Rosengård und Hammarkullen hat; tatsächlich ist das Phänomen überall im Westen üblich.

White flight wird von einwanderungskritischen Gruppen gelegentlich als eine Art kontinuierlicher, lebendiger Volksentscheid betrachtet, in dem das Handeln die tatsächlichen Wünsche der Bevölkerung sehr viel genauer abbilde als abgegebene Stimmen oder selbst die geäußerten Meinungen.

Wille zur Macht

Der Wille zur Macht ist ein philosophischer Begriff, den Friedrich Nietzsche in seinem Werk *Also sprach Zarathustra*[8] prägte. Nietzsche zufolge wird der Mensch in all seinem Streben von einer Suche nach Macht angetrieben: Fortschritt, Ehrgeiz, Selbstverwirklichung, persönliche Reife, der Wunsch, im Leben möglichst weit zu kommen – alles Ergebnisse des Willens zu Macht.

Eine häufig anzutreffende falsche Vorstellung von Nietzsches Philosophie ist, daß der Wille zur Macht auf Egoismus gründen müsse. Tatsächlich ist es für eine Gruppe von Individuen absolut möglich, durch Willen zur Macht nach kollektiven Zielen zu streben. In Nietzsches nachgelassenen Aufzeichnungen, unter dem Titel *Der Wille zur Macht* teilweise veröffentlicht, heißt es dazu:

> Meine Vorstellung ist, daß jeder specifische Körper darnach strebt, über den ganzen Raum Herr zu werden und seine Kraft auszudehnen (– sein Wille zur Macht:) und alles Das zurückzustoßen, was seiner Ausdehnung widerstrebt. Aber er stößt fortwährend auf gleiche Bestrebungen andrer Körper und endet, sich mit denen zu arrangiren (»vereinigen«), welche ihm verwandt genug sind: – *so conspiriren sie dann zusammen zur Macht*. Und der Proceß geht weiter...[9]

---

8 *Also sprach Zarathustra. Ein Buch für Alle und Keinen*, 19., vollst. neu bearb. Aufl., Stuttgart: Kröner, 2015.

9 Nachlaß Frühjahr 1888, Gruppe 14, Fragment 186. Vgl. Digitale Kritische Gesamtausgabe (eKGWB): http://www.nietzschesource.org/#eKGWB/NF-1888,14[186]. Schreibweisen und Hervorhebungen im Original.

X

Xenophilie

Ein Xenophiler ist jemand, der eine abnormale Zuneigung gegenüber dem Anderen und allem Ausländischen oder Fremden zeigt. Xenophilie muß nicht notwendigerweise durch Gefühlsduselei oder Mitleid motiviert sein, sondern kann genausogut lediglich ein Ausdruck des politischen oder sozialen Theaters sein.

Z

Zivilgesellschaft

Der Begriff Zivilgesellschaft bezieht sich in seiner weitesten Auslegung auf alle Einrichtungen und Akteure innerhalb einer Gesellschaft, die nicht direkt dem Staat untergeordnet sind. Die Zivilgesellschaft eines Landes kann als wichtiger Faktor für die Fähigkeit der Bevölkerung, starkes soziales Kapital zu entwickeln, angesehen werden.

In seinem heutigen Gebrauch bezeichnet das Wort in der Regel jene Bereiche der Gesellschaft, die sich in einer solchen Weise selbst verwalten, daß sie aus dem Einflußbereich sowohl des Markts wie auch des Staats herausfallen. Beispiele hierfür sind die Kirchen, Gewerkschaften, Geschichts- und Sportvereine sowie wohltätige Organisationen.

Zusammenlaufen der Katastrophen

Das Zusammenlaufen der Katastrophen ist die Begrifflichkeit, die Guillaume Faye für eine Situation verwendet, in der die Moderne innerhalb eines kurzen Zeitabschnitts mit einer Serie von schweren Unglücken konfrontiert wird, die laut Faye die Folgen der Unzulänglichkeiten von Modernismus, Liberalismus und Egalitarismus sein werden. Faye geht davon aus, daß diese Katastrophen unmittelbar bevorstehen und wahrscheinlich noch zu unseren Zeiten eintreten werden.

Die möglichen Katastrophen, die Faye ausmacht, schließen ökologische, wirtschaftliche und soziale Zusammenbrüche ebenso ein wie ethnische Konflikte, Bürgerkriege sowie Krieg und Terrorismus in ungeahntem Ausmaß. Eine Art von Drittem Weltkrieg sowie die Auseinandersetzung zwischen der alternden nördlichen Hemisphäre und einer revanchistischen Südhalbkugel bilden einen Teil seines Szenarios.

Faye behauptet, diese Kette von Desastern werde eine Reaktion der europäischen Völker in Form eines Archäofuturismus (siehe oben) erzwingen. Wenn sie nicht handelten, würden sie untergehen.

Diese Theorie ähnelt derjenigen, die der US-amerikanische Sozialhistoriker Immanuel Wallerstein in seinem Werk *The End of the World As We Know It*[10] vorlegte.

---

10 *The End of the World As We Know It. Social Science for the Twenty-First Century*, Minneapolis: University of Minnesota Press, 1999.

7
Laßt das Abenteuer beginnen!

Die westliche Zivilisation kann noch immer gerettet werden, und es ist die moralische Pflicht eines jeden Europäers, nach der Erfüllung dieser Aufgabe zu trachten. Politischer Aktivismus ist ebenso bedeutsam wie notwendig.

Es gibt Ideologien, Politiker und Parteien, die das Überleben des Westens wahrscheinlicher machen – allen voran wohl einwanderungskritische Politiker und Parteien, etwa die Alternative für Deutschland, die Freiheitliche Partei Österreichs, die Schwedendemokraten oder sogar UKIP –, und es gibt solche, die die Aussichten schmälern. Gleichwohl wird es niemals perfekte Kandidaten geben – wir müssen mit dem arbeiten, was wir haben. Das bedeutet, die Erstgenannten – mit den notwendigen Vorbehalten – zu unterstützen und uns den Letztgenannten entgegenzustellen. Es geht hierbei um Pragmatismus, der grundlegender Teil aller politischen Erfolge ist.

Unglücklicherweise entscheiden sich viele Rechte auf Grund irriger und defätistischer Auffassungen wie »Es ändert sich sowieso nichts« für einen Rückzug von Gesellschaft und Politik. Oftmals behaupten solche Leute, »den Tiger zu reiten« (eine Formulierung Julius

Evolas, der empfahl, den Hingang der modernen Welt abzuwarten, bis der geschichtliche Zyklus zu seinem Ursprung zurückkehren und eine neue Welt heraufdämmern werde), weil sie Widerstand gegen den Verfall der Zivilisation für nutzlos halten. Diese Einstellung ist meist gepaart mit Dummschwätzerei, meist im Internet, in deren Verlauf quasi alle proeuropäischen Politiker bezichtigt werden, »zu weich« oder »zu liberal« zu sein, oder welches andere echte oder imaginäre Charakterdefizit sie – dem jeweiligen Kritiker zufolge – der Unterstützung unwürdig erscheinen lassen soll.

Dieser Standpunkt ist nicht immer unverständlich, und die Kritik an populistischen Politikern mit zweifelhaften ideologischen Referenzen kann durchaus das eine oder andere Korn Wahrheit enthalten. Dennoch ist die Attitüde stets problematisch und wird geradezu abstoßend, wenn Zynismus und Pessimismus an und für sich zu politischen Projekten werden. Allzuviele Menschen verschwenden ihre Energie daran, das Internet mit extremen, aggressiven Kommentaren zu fluten, in denen sie Bewegungen und Leute angreifen, die positive Dinge erreichen wollen und zusätzlich die Energie dazu haben, es zu versuchen.

Es liegt etwas zutiefst Häßliches und in sich Widersprüchliches in diesem Verhalten. Darauf zu beharren, daß alles verloren sei und nichts getan werden könne, nur um gleichzeitig irgendeinen Sinn darin zu finden, Stunden an der Tastatur zu verbringen und Wutausbrüche gegen Organisationen und Einzelne zu verfassen, die tatsächlich versuchen, etwas Positives für den Westen zu erreichen, ergibt nicht den geringsten Sinn. Das Mindeste, was hier zu erwarten wäre, ist Konsequenz: Wenn das Spiel verloren ist, so ist es sicher kein Stück »verlorener« durch den Eintritt der Wahren Finnen in die finnische Regierungskoalition, den Status des Front National als prominenteste Partei Frankreichs, oder weil die Schwedendemokraten in Meinungsumfragen 25 % Unterstützung erreicht haben.

Außerdem: Das Spiel ist nicht verloren. Wenn auch »den Tiger reiten« im Sinne Evolas in der zweiten Hälfte des 20. Jahrhunderts eine vernünftige und vielleicht notwendige Strategie gewesen sein mag, ist dies nun nicht mehr der Fall. Europa blutet, doch auch der Tiger – die liberale Moderne – stirbt. Es ist Zeit, abzusteigen und ihn von seinem Leid zu erlösen, solange es noch eine europäische Zivilisation gibt, für die es sich zu kämpfen lohnt.

Erhebt Eure Häupter und verzweifelt nicht. Der Kampf um Europa ist noch lange nicht vorbei. Er hat gerade erst begonnen. Anstatt über den Zustand der Gesellschaft in Depressionen zu verfallen, seht ihn lieber als Gelegenheit für ein Abenteuer und als eine Zeit, in der Euer Handeln tatsächlich die Geschichte selbst beeinflussen kann.

Es ist nicht mehr als eine Frage der Einstellung, ob man Teil des Problems oder Teil der Erlösung der westlichen Welt ist.

Macht Euch gerade, wischt alle Eure Entschuldigungen zusammen mit den letzten Fetzen von Macht der Linken hinfort und laßt das Abenteuer beginnen!

Nachwort

Der innere Krieg

Um zu verstehen, daß Mädchen und Jungen sich voneinander unterscheiden, oder daß es unterschiedliche Völker und Kulturen gibt, braucht man keinen Doktortitel. Im Gegenteil: Man braucht einen – oder mehrere –, um in der Lage zu sein, ein Erklärungsmuster zu konstruieren, das das Gegenteil »beweist«. Als Folge der Dominanz der Linken im Wissenschaftsbetrieb hat genau das Erfolg gehabt. Und das anschließende Hineinstopfen von Millionen Europäern in auf diesem Standpunkt fußende staatliche »Bildungs«einrichtungen hat seine Auswirkungen gehabt.

Was die Linke bewerkstelligt hat, ist nicht nur die Schaffung einer von Feigheit und Schwäche bestimmten Gesellschaft. Sie hat etwas noch viel Ernsteres geschafft: die spirituelle Amputation des Menschen im eigentlichen Sinne, die komplette Abtrennung zwischen Denken und Handeln. Die Linke hat einen systematischen Krieg gegen unsere Zivilisation und Kultur geführt, und einen noch brutaleren Krieg gegen die Menschheit selbst.

Aus diesem Grund mußt Du lesen und Dich selbst bereichern, um zu lernen, was wert ist, verteidigt zu werden. Das ist eine Grundvoraussetzung für die Fähigkeit, Dich intellektuell auszurichten und zu rüsten. Wer unsere Prinzipien nicht kennt, wird sie früher oder später verraten.

Die natürliche Ordnung ist tief im Menschen verwurzelt, und kein Genderpädagoge, welcher Art auch immer, kann diese Tatsache verändern. Die wahre Rechte ist die Verkörperung dieser Ordnung und schafft durch sie eine Einheit von Denken und Handeln. Es ist die größte Herausforderung, die es gibt, dies zu erreichen, aber auch der größte Akt des Widerstands.

Du mußt Dich für die kommenden turbulenten Zeiten körperlich und geistig stählen. Alle Vorbereitung ist natürlich Zeitverschwendung, solange Du nicht bereit bist, Dich einem Prinzip unterzuordnen – unser Kampf ist kein gemütlicher Zeitvertreib, während dem Du Deinen eigenen Intellekt bestaunen kannst.

Fange damit an, Deinen Fernseher hinauszubefördern, Dich hinzusetzen und herauszufinden, wo Du stehst. Siehst Du die Familie als zentral für unser Überleben? Dann ist es an der Zeit, diese Überzeugung zu verkörpern. Du mußt heiraten, Kinder bekommen, die Geschlechterrollen bejahen und Deiner Lebensgefährtin gegenüber treu sein. In dieser dekadenten Zeit mag es nicht einfach sein, die Gemahlin Deiner Träume zu finden, aber Du mußt in Deinem Streben danach standhaft bleiben. Du mußt Abstand von der Lebensart gewinnen, in der die Familie nicht zählt. Das bedeutet nicht nur, Abtreibungen, One-Night-Stands und Pornographie abzulehnen, sondern durchgängige Monogamie. Eheliche Treue ist für das ganze Leben.

Zu streng, altmodisch und langweilig? Dir ist nicht danach? Dann bist Du nur ein halber Mann, der Denken und Handeln nicht zu einem Ganzen zusammenzufügen vermag. Vergiß nicht das Sprichwort, daß es absurd ist, einen Mann, der sich selbst nicht beherrschen kann, andere beherrschen zu lassen – das gilt auch für Dich. Du entscheidest durch Dein eigenes Leben und Handeln darüber, ob die Prinzipien der Rechten obsiegen werden.

»Denn wo ihr nach dem Fleische lebet, so werdet ihr sterben müssen; wo ihr aber durch den Geist des Fleisches Geschäfte tötet, so werdet ihr leben.« (Römer 8:13)

Der Krieg beginnt in Dir!

Björn Herstad
Geschäftsmann & Unternehmer

WEITERE BÜCHER VON ARKTOS

Sri Dharma Pravartaka Acharya	*The Dharma Manifesto*
Alain de Benoist	*Beyond Human Rights*
	Carl Schmitt Today
	Manifesto for a European Renaissance
	On the Brink of the Abyss
	The Problem of Democracy
Arthur Moeller van den Bruck	*Germany's Third Empire*
Kerry Bolton	*Revolution from Above*
Alexander Dugin	*Eurasian Mission: An Introduction to Neo-Eurasianism*
	The Fourth Political Theory
	Die Vierte Politische Theorie
	Last War of the World-Island
	Putin vs Putin
Koenraad Elst	*Return of the Swastika*
Julius Evola	*Fascism Viewed from the Right*
	Metaphysics of War
	Notes on the Third Reich
	The Path of Cinnabar
	A Traditionalist Confronts Fascism
Guillaume Faye	*Archeofuturism*
	Convergence of Catastrophes
	Sex and Deviance
	Why We Fight
Daniel S. Forrest	*Suprahumanism*
Andrew Fraser	*The WASP Question*
Génération Identitaire	*We are Generation Identity*

WEITERE BÜCHER VON ARKTOS

Paul Gottfried — *War and Democracy*

Porus Homi Havewala — *The Saga of the Aryan Race*

Rachel Haywire — *The New Reaction*

Lars Holger Holm — *Hiding in Broad Daylight*
Homo Maximus
The Owls of Afrasiab

Alexander Jacob — *De Naturae Natura*

Peter King — *Here and Now : Some Thoughts about the World and How We Find It*
Keeping Things Close: Essays on the Conservative Disposition

Ludwig Klages — *The Biocentric Worldview*
Cosmogonic Reflections: Selected Aphorisms from Ludwig Klages

Pierre Krebs — *Fighting for the Essence*

Pentti Linkola — *Can Life Prevail?*

H. P. Lovecraft — *The Conservative*

Brian Anse Patrick — *The NRA and the Media*
Rise of the Anti-Media
The Ten Commandments of Propaganda
Zombology

Tito Perdue — *Morning Crafts*
William's House (vol. 1–4)

Raido — *A Handbook of Traditional Living*

WEITERE BÜCHER VON ARKTOS

STEVEN J. ROSEN	*The Agni and the Ecstasy*
	The Jedi in the Lotus
RICHARD RUDGLEY	*Barbarians*
	Essential Substances
	Wildest Dreams
ERNST VON SALOMON	*It Cannot Be Stormed*
	The Outlaws
TROY SOUTHGATE	*Tradition & Revolution*
OSWALD SPENGLER	*Jahre der Entscheidung*
	Man and Technics
	Der Mensch und die Technik
	Preußentum und Sozialismus
TOMISLAV SUNIC	*Against Democracy and Equality*
ABIR TAHA	*Defining Terrorism: The End of Double Standards*
	Nietzsche's Coming God, or the Redemption of the Divine
	Verses of Light
BAL GANGADHAR TILAK	*The Arctic Home in the Vedas*
DOMINIQUE VENNER	*The Shock of History: Religion, Memory, Identity*
MARKUS WILLINGER	*Europa der Vaterländer*
	A Europe of Nations
	Generation Identity
	Die identitäre Generation
DAVID J. WINGFIELD (ED.)	*The Initiate: Journal of Traditional Studies*

Lightning Source UK Ltd.
Milton Keynes UK
UKOW04n1711040116

265746UK00001B/6/P

9 781910 524572